À toute ma famille et Marie
qui me sont d'un si grand soutien. Merci.
Quentin

Quentin Hagnéré

DÉFISCALISER GRÂCE À L'IMMOBILIER

LES SOLUTIONS POUR METTRE VOS IMPÔTS AU SERVICE DE VOTRE PATRIMOINE

MAXIMA

À propos de l'auteur

Quentin Hagnéré est auteur, investisseur, formateur et expert en gestion de patrimoine et conseiller en défiscalisation. Après plusieurs années en tant que cadre dans la grande distribution en parallèle d'expériences immobilières réussies, Quentin Hagnéré écrit son premier ouvrage Immobilier locatif – Réussir son premier investissement sans stress *chez Maxima.*

Aujourd'hui professionnel indépendant et directeur du groupe Hagnéré Patrimoine, il souhaite partager ses connaissances sur la défiscalisation en présentant les différents dispositifs pour réduire vos impôts et gérer votre fiscalité.

Pour toute question ou conseil, vous pouvez le joindre à l'adresse suivante :

quentin.hagnere@maxima.fr.

Conception graphique de la couverture : Studio Dunod

Mise en pages : Nord Compo

Maxima est une marque de Dunod Éditeur

11 rue Paul Bert, 92240 Malakoff

ISBN 978-2-8188-1123-8

Sommaire

Partie 2
La défiscalisation immobilière

Introduction

Le sujet de la fiscalité en France tient un place prépondérante et chaque jour des milliers de personnes font des recherches pour réduire leurs impôts. Il y a actuellement une vraie demande de la part des Français pour atténuer la pression fiscale. Cependant, on trouve absolument de tout sur Internet et malheureusement, dans une majorité de cas, les informations ne sont présentées que pour répondre aux objectifs financiers de tel promoteur ou tel groupe immobilier. Il est dès lors très difficile, en tant que simple contribuable ne travaillant pas dans le domaine de la fiscalité, de pouvoir faire un choix objectif et juste sur les meilleures options pour réduire ses impôts. Pourquoi ?

Tout simplement, parce que la fiscalité française est extrêmement complexe et que la moindre action fiscale provoque un effet papillon. Vous souhaitez, par exemple, louer une partie de votre maison sur des plateformes de location saisonnière pour avoir un petit complément de revenus. Devez-vous déclarer vos revenus au régime du Micro-BIC ou au régime réel simplifié ? Si vous déclarez vos revenus au régime réel, vous pourrez amortir une partie de votre bien et de votre mobilier, ce qui vous permettra de créer du déficit foncier reportable. Mais à quel prix ? La partie amortie de votre maison perdra alors sa valeur de résidence principale et sera soumise à la taxation sur la plus-value immobilière à la revente... Et il en va de même pour la répartition des charges et les intérêts d'emprunts déductibles de vos revenus. Comment allez-vous les déclarer ? Au prorata de la surface occupée ? Attention à la requalification au niveau des charges déductibles...

Bref, voici où je veux en venir : une approche patrimoniale se construit sous plusieurs angles. Certes, votre fiscalité est importante, mais le sont également vos cadres professionnel et familial, votre endettement, vos objectifs de vie, votre retraite, la succession de votre patrimoine, etc.

La défiscalisation, et plus particulièrement la gestion de patrimoine, est un art. Le but de ce livre est ainsi de vous initier à ses bases pour vous permettre de vous forger un avis critique et objectif pour entrevoir tous les moyens légaux de défiscalisation de vos revenus et de réduction de vos prélèvements sociaux, ou tout simplement comment construire une stratégie d'investissement en mettant vos impôts au service de votre patrimoine.

Jeune actif ou retraité, cet ouvrage est destiné à tout public. Son ambition est de devenir le tout premier livre accessible à absolument toutes les personnes souhaitant réduire, voire annuler, leur fiscalité et constituer eux-mêmes leur propre stratégie de défiscalisation patrimoniale.

Chapitre 1
La gestion de patrimoine

1. *We are the champions...*

La France championne du monde de l'impôt ! Ce constat a provoqué moins de cris de bonheur et d'exaltation que la victoire des Bleus, champions du monde en 2018.

En septembre 2020, l'OCDE (Organisation de coopération et de développement économiques) se penche sur les chiffres de l'année 2018 et donne son verdict : parmi les 40 pays qui adhèrent à l'organisation, l'Hexagone est celui dont les impôts, taxes et prélèvements sont les plus élevés.

Concrètement, pour arriver à ce constat, l'OCDE a mesuré le pourcentage de richesse prélevé par l'État et ce, pays par pays. En France, les revenus fiscaux représentaient 46,1 % du PIB (produit intérieur brut). L'étude a cependant annoncé une petite baisse de la pression fiscale comparé à l'année passée grâce à la réduction d'impôts sur les sociétés et une réduction légère de la pression fiscale sur les foyers les plus modestes.

En septembre 2019, l'INSEE annonce que la France a dépassé les 100 % de dette par rapport à son PIB. Avec une dette de 2 415 milliards d'euros, la dette publique atteint précisément 100,4 % du PIB de l'Hexagone, soit une hausse de 39,6 milliards de plus que le trimestre précédent. Pourtant, la France avait déjà par deux fois dépassé les 100 %, notamment en 2017. À ce moment-là, le cabinet du ministre de l'Action et des Comptes publics, Gérald Darmanin, s'était manifesté en précisant que cette hausse était attendue et qu'elle provenait de raisons techniques, plus particulièrement du calendrier des émissions et des amortissements de titres de dette. Les porte-paroles du ministre avaient alors indiqué que cette hausse ne remettait pas en cause la prévision du gouvernement, c'est-à-dire une dette à 98,8 % du PIB fin 2019.

Évidemment ces « belles » prévisions ne tenaient pas compte de l'imminent virus, le tristement célèbre Covid-19, qui commençait à se propager en Chine. Mais avant de blâmer de tous les maux l'épidémie et la crise sanitaire, il est important de souligner que le déséquilibre budgétaire des comptes publics, bien avant toute pandémie, nous impactait certainement plus que vous ne l'imaginiez.

En effet, chaque année en France, le déficit causé par l'excédent de dépenses publiques face aux recettes met un peu plus en péril la santé financière de notre pays. Pour rappel, la France a signé en 1992 le traité de Maastricht visant à garantir une stabilité macro-économique de la zone euro, traité qui a été renforcé par le traité sur la stabilité, la coordination et la gouvernance (TSCG). Ces traités stipulent de manière extrêmement claire que :

- le déficit public annuel ne doit pas excéder 3 % du PIB ;
- la dette publique (au sens de Maastricht) doit rester inférieure à 60 % du PIB ;
- lorsque la dette dépasse cette limite, il doit y avoir un objectif à moyen terme de baisse sur des périodes glissantes de trois ans, de chaque année au moins 0,5 % du PIB et au moins 1/20e de l'excès par rapport aux 60 %.

Sachant que de 2007 à 2017 la France ne respectait absolument aucun de ces critères, elle a fini par faire l'objet d'une procédure de déficit excessif dont elle est finalement sortie en juin 2018, la Commission européenne estimant que le déficit serait inférieur à 3 % pendant trois années consécutives de 2017 à 2019.

En continuant à creuser le déficit et ainsi accroître la dette publique, nous arrivons à des chiffres record, où une partie de vos impôts ne finissent finalement plus qu'à payer les intérêts de la dette. Et lorsqu'on parle des intérêts, nous ne parlons évidemment pas du remboursement du capital de la dette mais simplement du coût de cette dernière. Cette situation économique nous conduit à adopter *in fine* des comportements inverses aux principes socialistes de notre pays. En taxant absolument tous les citoyens (TVA, cotisations sociales, impôts locaux, gasoil...) même les plus pauvres pour rembourser les intérêts d'une dette publique colossale, cela revient à prendre aux plus démunis pour enrichir des groupes privés ou des États déjà très riches. En 2019, le remboursement des intérêts de la dette représentait ainsi 3 % (avec frais) des recettes publiques.

Ce chiffre ne vous paraît peut-être pas excessif, pourtant cela représente 38,8 milliards d'euros. C'est-à-dire environ 1 500 € chaque seconde de l'année. Pour la petite anecdote, depuis que vous avez commencé la lecture de ce livre, cela a représenté un coût de 195 000 € – 195 000 € prélevés aux contribuables français créateurs de valeur pour l'envoyer vers des banques, des investisseurs privés (résidents et non-résidents), des groupes d'assurances, etc.

Budget prévisionnel général 2020 de l'État réalisé en 2019

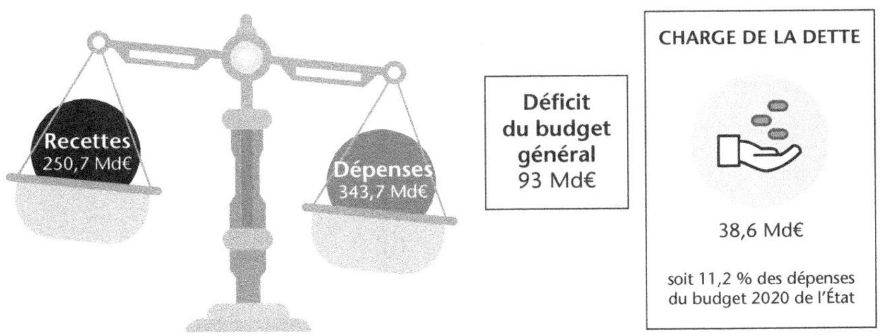

Source : Direction du Budget, 2020.

Évidemment, vivre en France est aujourd'hui une chance énorme et notre pays véhicule de très belles valeurs qu'il serait dur de remettre en cause. Mais malheureusement, tout cela à un coût et risque de ne pas perdurer.

2. Le Covid-19, un avenir sombre pour la fiscalité

La crise du coronavirus a été en premier lieu une crise sanitaire. Les lourds moyens financiers mis en place par les États pour assurer une sécurité sanitaire ont transformé cette crise en épée de Damoclès au-dessus de la tête de chacun d'entre nous. Chaque Français a son opinion sur la gestion de la crise, mais peu importe que l'on pense qu'elle soit bonne ou mauvaise, les décisions ont été prises et aujourd'hui nous en subissons les conséquences. Cette crise sanitaire peut transformer les années à venir en période de grandes difficultés économiques, même si les pouvoirs publics se sont voulus rassurants à l'égard de la gestion financière de la crise. L'unique raison ? Ne pas affoler les marchés financiers et maintenir une confiance forte en la monnaie.

Il me serait bien impossible de parler de manière précise des mécaniques extrêmement complexes qui régissent la gestion des États et des dettes publiques. Cependant, ce qui m'a motivé à écrire ce livre, indépendamment du fait de permettre au plus grand nombre d'éclaircir la brume autour des niches fiscales, c'est que la pression fiscale en France risque malgré tout de s'accentuer dans les années à venir et devenir ainsi insoutenable pour les contribuables.

Il est important de comprendre qu'en France, la fiscalité (dans son ensemble) est extrêmement forte car nous avons annuellement de nombreuses dépenses publiques liées à la position politique de notre pays. Qu'il y ait une dette ou non, la fiscalité restera forte tant que nous maintiendrons la même quantité annuelle de dépenses publiques. Et désormais, la question qui se pose et qui fera osciller la balance est : qui va payer pour les sur-dépenses occasionnées lors de la crise du Covid-19 ?

Il existe principalement quatre façons d'aborder la question. Il faut d'abord souligner qu'en dépit du surendettement de la France les taux d'intérêts des obligations de l'État français restent bas et même à des taux négatifs jusqu'aux échéances de dix ans. Face à ce phénomène, certaines personnes appellent à continuer d'augmenter la dette publique. Après tout, pourquoi ne pas s'endetter puisque cela ne coûte rien ?

Ce raisonnement, quelque part d'une logique implacable, oublie un élément essentiel. Ce n'est pas parce que les taux d'intérêts sont bas ou négatifs que la dette baisse. En d'autres termes, on peut comprendre que même si l'endettement ne coûte rien, il faut bien finir par rembourser un jour le montant emprunté.

Ainsi, quatre manières d'appréhender la question peuvent être envisagées.

1. Mettre en œuvre tous les moyens pour un retour rapide à une croissance forte.

Selon les économistes, une dette élevée n'est pas forcément catastrophique dans l'unique mesure où elle est soutenable. C'est-à-dire qu'elle peut générer une croissance suffisamment forte pour payer au moins les échéances de la dette. Le problème actuel, c'est que nous sommes plutôt dans une ère de récession. Pour rappel, la France n'a pas été capable d'y arriver depuis 2007.

2. Augmenter l'inflation.

Si l'on se base sur l'histoire économique, une inflation suffisamment forte permet de payer la dette sans trop de conséquences ou d'efforts. Cependant, l'inflation n'est en réalité que difficilement contrôlable (il est possible de tenter de la favoriser). Or, une inflation forte dans un pays où un taux de chômage élevé et un contexte de croissance économique difficile persiste, il sera très difficile pour les acteurs économiques de suivre et cela risque d'aggraver la récession, la baisse de pouvoir d'achat et ainsi augmenter le déficit et la dette.

3. Annuler la dette.

Peut-on vraiment annuler une dette publique comme celle de la France ou des autres pays européens ? La question est sur toutes les lèvres. Cette solution semble si belle et tellement confortable. Mais est-ce vraiment possible ? L'histoire économique nous dit que oui et que c'est déjà arrivé de nombreuses fois. Bien sûr, l'annulation de la dette ne se cantonne pas à une simple annulation d'une ligne de code à la BCE en pressant la touche « SUPPR » d'un clavier. L'annulation se ferait à plusieurs niveaux et il faudrait être vigilant à ne pas annuler la dette publique détenue par les épargnants car cela risquerait de compromettre la stabilité du système économique. Ainsi, l'idée qui revient souvent serait d'annuler la dette publique détenue par les Banques centrales puisqu'en théorie une banque centrale ne peut jamais faire faillite. Or, l'idée théorique est souvent plus simple que la mise en pratique. Premièrement, il est inscrit dans les statuts de la BCE que l'annulation d'une dette est impossible : remettre en cause une telle règle reviendrait à modifier les grandes règles du jeu et donc porter un impact fort sur l'économie européenne et mondiale. Deuxièmement, une telle décision impacterait fortement la stabilité de la zone euro et un véritable gouffre se creuserait entre les États européens et le reste du monde. Pour finir, une annulation de la dette engendrerait une baisse universelle de la confiance en les États de la zone euro et surtout en la monnaie. Les impacts d'une annulation de la dette pourraient être pire qu'une dette publique très importante. En bref, vous l'aurez compris, c'est une décision avec des effets collatéraux non négligeables.

4. Augmenter les prélèvements publics pour rembourser la dette.

En d'autres termes : taxer ! Durant la gestion de la crise, les politiques ont martelé que cela n'arriverait pas, pourtant les suppressions de la CRDS (contribution pour le remboursement de la dette sociale) et de la taxe d'habitation ont été reportées à une date ultérieure, pour l'instant inconnue. La France, pays numéro un de la pression fiscale, pourrait-elle augmenter encore les impôts ? Une telle décision reviendrait à briser encore un plus plus la croissance et risquerait d'accroître un peu plus le déficit.

Vous l'aurez compris, pour l'instant, impossible de prédire comment s'articuleront les décennies à venir, mais une chose est sûre : si vous êtes conseillé par les bonnes personnes et prenez les bonnes décisions, je peux vous assurer que la France est un paradis fiscal truffé d'opportunités d'investissements absolument incroyables, malgré la pression fiscale !

3. L'omniprésence de la fiscalité en France

Aujourd'hui en France, les taxes sont multiples et il n'est pas possible de toutes les éviter. Heureusement ! Car les services publics (santé, éducation, sécurité, justice, etc.) et certaines assurances sociales présentes font de notre système l'un des plus sécuritaire et égalitaire au monde, même si nous avons souvent tendance à l'oublier.

Il est dès lors intéressant de prendre un schéma simple du quotidien et d'analyser toutes les étapes qui le composent. Prenons en exemple l'achat d'une baguette de pain à la boulangerie et remontons à l'origine des fonds.

La TVA

Pour obtenir votre baguette de pain vous payez 1 €. Une bonne baguette sortie du four pas trop cuite comme vous l'aimez. Sur 1 € que vous versez, vous payez également 5,5 % de TVA soit 5,5 centimes d'euro. Et pour obtenir votre euro, vous avez travaillé. Imaginons que vous êtes salarié du privé.

Pour bien comprendre à quel point vous n'avez pas perçu la valeur réelle du travail que vous avez fourni, faisons un petit point rapide sur les cotisations salariales et patronales.

Les cotisations sociales

Les cotisations sociales, qu'elles soient patronales ou salariales, sont dues sur les salaires versés aux employés d'une entreprise. Ces cotisations financent la couverture sociale de base des salariés. Il s'agit entre autres du financement :

- de l'assurance maladie ;
- de l'assurance vieillesse ;
- des allocations familiales ;
- des accidents du travail et des maladies professionnelles ;
- de l'invalidité-décès ;
- du chômage.

Les cotisations salariales

Le pourcentage des cotisations salariales varie en fonction du statut du salarié (ouvrier, cadre, etc.). En moyenne, elle représente 22 % du salaire brut. Ces cotisations sont collectées par l'entreprise puis reversées aux organismes collecteurs. Ainsi, à part sur son bulletin de salaire, l'employé ne les voient pas passer.

Les cotisations patronales

Il s'agit de la part des cotisations sociales à la charge de l'employeur et qui viennent s'ajouter au coût du salaire brut du salarié. Les cotisations patronales oscillent entre 22 et 42 % du salaire versé, mais rassurez-vous, leur montant frôle plus souvent le 40 % que le 22 %.

Ainsi, pour un salaire net de 1 200 € (avant impôts sur le revenu), le salarié aura versé 341 € de cotisations salariales, soit un salaire brut de 1 541 €, et l'employeur aura versé 651 € de charges patronales, soit un total de 2 192 € pour un salarié au SMIC. Nous pouvons alors constater que pour un salarié au SMIC le coût de l'emploi est quasiment deux fois supérieur à ce que perçoit le salarié. C'est-à-dire que cela le prive de pouvoir d'achat, mais nuit également au rendement de l'entreprise, limite le nombre d'emplois possibles et empêche le réinvestissement des fonds, donc prive aussi l'entreprise en quelque sorte de pouvoir d'achat.

Si l'on prend l'exemple d'un salarié qui perçoit 2 500 € de revenus mensuels, il faudra compter un coût total pour l'entreprise d'environ 4 500 € à 5 000 € *in fine* pour un salaire net de 2 500 € taxé par la suite à l'impôt sur le revenu pour le salarié. Pour une personne célibataire sans enfant, il faudra compter 176 € en moyenne d'impôt sur le revenu en plus avec un forfait de charge basique de 10 % (30 000 € annuel de gains pour 3 000 € de charges déductibles, soit 27 000 € imposables).

Peut-on considérer que cet argent est vraiment perdu ?

En réalité oui et non. Cela dépend de votre situation financière. C'est tout le principe de la France de mutualiser les assurances sociales pour permettre aux personnes les moins riches de bénéficier des mêmes protections que les hauts revenus. Le principe en lui-même est beau : le système se veut égalitaire en apportant des avantages extrêmement nombreux sociologiquement parlant. En revanche, cela créer un clivage car les personnes contraintes de cotiser à l'assurance chômage par obligations durant toute leur carrière mais n'ayant jamais perdu leur emploi auront perdu une quantité astronomique d'argent. Pour une personne gagnant en moyenne 2 500 € par mois, cela représente en 42 ans de carrière (hors inflation et évolution du salaire) environ 66 000 €. Le débat est le même concernant les cotisations à l'assurance vieillesse qui gère les retraites. Le principe de répartition en France est constitué de sorte que ce sont les actifs qui payent les retraites des seniors ayant eux même cotisés durant leur carrière pour les seniors de leur époque. Dès lors, certaines voix s'élèvent demandant de pouvoir disposer de leur retraite par un retrait en capital comme nos amis Helvètes et surtout de libéraliser le système de la retraite en France jugé par certains pas assez rentable ou confiscatoire.

D'un certain point de vue, le fait de ne pas ouvrir le système principal des retraites à la concurrence d'entreprises privées ou au choix de la non-contribution est un outrage à la liberté individuelle des citoyens. La question est de mise lorsqu'un retraité décède quelques années après sa retraite et que la somme cotisée tout au long de sa carrière ne peut pas être intégrée à la transmission du patrimoine pour ses descendants. N'est-ce pas du vol ? Le débat est le même lorsqu'un retraité décède à plus de 100 ans et perçoit des rentes supérieures aux montants cotisés.

En réalité, le système français est un système où chacun se situe d'un côté de la balance. Soit dans le côté des grands gagnants : faible contribution et bénéfices de nombreux services publics et assurances sociales. Ou du côté des grands perdants : importante contribution inférieure aux bénéfices reçus par les services publics et les assurances sociales.

Pour en revenir à notre baguette de pain lors de votre visite dans votre boulangerie préférée, vous l'aurez compris vous n'aviez qu'un euro de pouvoir d'achat pour une valeur de travail d'environ 1,60 €.

Les taxes sur le transport

Lorsque vous rentrez chez vous, vous vous apercevez que vous n'avez plus de carburant dans votre véhicule. Vous faites une escale à la pompe pour refaire le plein de carburant. C'est avec amertume que vous vous apercevez que votre plein de 50 litres de sans-plomb 95 vous a coûté 76 €. Avec un litre à 1,52 € pas étonnant… En réalité, sur un litre de sans-plomb 95, le coût d'un litre acheminé à la pompe après avoir été extrait, raffiné puis distribué, revient à 0,59 €/L. Le reste ce sont des taxes. Tout d'abord la TICPE (taxe intérieure sur la consommation de produits énergétiques), puis la TVA sur la TICPE et enfin la TVA sur le produit. Soit une triple taxe. Évidemment, dans cet exemple, nous ne parlons que des taxes pures sur le carburant et non des taxes à l'achat sur les véhicules dit « polluants ».

Si vous pensez que ces taxes mises en place par l'État sont utilisées pour contribuer à la transition énergétique, eh bien vous avez raison à 18 %. En réalité, sur l'année 2019, au total un peu plus de 22 milliards d'euros ont été prélevées en taxes énergétiques pour n'en allouer que 4 milliards à la transition énergétique.

Les taxes sur l'habitation

■ Les frais de notaire

Une fois votre réservoir rempli, vous rentrez chez vous et vous appréciez le confort de votre maison ou de votre appartement. En effet, lorsque vous avez payé 200 000 € pour l'acquérir il y a quelques années, vous avez versé environ 16 000 € au notaire dont une majeure partie était des taxes pures et dures. C'est dommage lorsqu'on sait que vous avez fait un crédit sur 25 ans pour financer votre acquisition et qu'en moyenne, il faut rembourser environ 1,25 € pour 1 € emprunté. Cela signifie donc que vous allez devoir rembourser au total non pas 16 000 € (incluant la rémunération du notaire), mais 20 000 € à cause des frais de notaire que vous avez payé (8 % en moyenne dans l'ancien).

■ La taxe foncière

Vous vous asseyez chez vous et mangez un bout de pain frais pour vous caler avant le repas. Soudain, vous vous rappelez que vous n'avez pas encore payé votre taxe foncière et que vous devez le faire rapidement. Vous allez sur votre ordinateur pour la régler.

■ La taxe d'habitation

Vous ne faites malheureusement pas partie de la tranche de la population épargnée par la redevance de la taxe d'habitation. Vous devrez la payer en plus de la taxe foncière.

Les taxes sur l'énergie

■ La taxe sur l'électricité

Vous ne laissez pas tourner votre ordinateur une fois que vous avez fini de le consulter. Vous trouvez que vous payez relativement cher en électricité ces derniers temps. Rien d'étonnant puisque sur une facture d'électricité, la fiscalité est d'environ 35 %.

■ La taxe sur l'eau

Au même titre que votre électricité, votre consommation d'eau est taxée à environ 23 %.

Les taxes sur la transmission du patrimoine

Plusieurs années sont passés et vous sentez que vos vieux jours arrivent à leur fin. Vous vous questionnez sur les conséquences fiscales de la transmission de votre patrimoine difficilement acquis au cours de votre vie. Vous n'avez malheureusement pas anticipé ce point et vous découvrez le tableau du barème progressif de transmission.

Barème des droits en ligne directe

Moins de 8 072 €	5 %
De 8 072 à 12 109 €	10 %
De 12 109 à 15 932 €	15 %
De 15 932 à 552 324 €	20 %
De 552 324 à 902 838 €	30 %
De 902 838 à 1 805 677 €	40 %
Au-delà de 1 805 677 €	45 %

Comme vous aurez pu le constater au travers de ces quelques exemples, en une journée type nous oublions facilement à quel point la pression fiscale est forte en France et ce, en vivant de manière parfaitement « standard ». Cependant, nous n'avons pas ici abordé la fiscalité sur les locations immobilière, les plus-values immobilières, les intérêts des produits bancaires, les dividendes en entreprise, l'impact des impôts sur le revenu, le coût des imports et exports douaniers, en bref sur quasiment tout !

Ces raisons vont vous permettre de comprendre en quoi des professionnels peuvent vous aider à réduire votre imposition dès lors que c'est possible, et surtout vous épauler sur des sujets complexes et pourtant tellement important pour votre avenir et votre confort de vie.

4. À quoi sert un conseiller en gestion de patrimoine et défiscalisation (CGP) ?

Dans cet ouvrage, nous n'aborderons pas la fiscalité du point de vue des entreprises. Cela ne veut pas dire que si vous êtes un chef d'entreprise, si vous exercez une profession libérale, ou encore si vous êtes investisseur ou actionnaire, vous ne trouverez pas vos réponses. Simplement, seuls les thèmes de la défiscalisation, des placements et du financement pour des personnes physiques et non morales seront étudiés. La fiscalité des entreprises (personnes morales) est en effet un monde à part et bien souvent vous trouverez des réponses auprès de professionnels comme des experts-comptables ou encore des fiscalistes d'entreprise.

Le patrimoine n'est pas uniquement de l'immobilier

Au cours de ma carrière, si je devais citer une phrase que j'ai le plus souvent entendue et qui a le don de m'emmener systématiquement dans des explications c'est : « Monsieur Hagnéré, vous ne pouvez pas m'aider, je n'ai pas beaucoup de patrimoine, moi ! »

Le terme de conseiller en gestion de patrimoine ne fait pas uniquement référence à la gestion d'actifs immobiliers. Et heureusement car autrement nous ne ferions pas grand-chose de nos journées ! En réalité, ce secteur d'activité s'adresse aussi bien aux particuliers qu'aux professionnels qui ont des actifs immobiliers et des valeurs mobilières, mais aussi des placements financiers, des crédits, des produits bancaires ou encore des domaines comme des forêts ou des œuvres d'art.

À noter

Un conseiller en gestion de patrimoine et défiscalisation peut vous aider à réduire, voire annuler intégralement, votre fiscalité, faire travailler votre argent de manière très lucrative, vous proposer une stratégie patrimoniale sur le long-terme, vous aider à anticiper la transmission de votre patrimoine, gérer vos actifs financiers et immobiliers existants, préparer votre retraite, restructurer vos crédits, vous aider à déclarer vos impôts, vous conseiller au quotidien et assurer un suivi tout au long de votre vie et lors de vos décisions financières importantes ou encore vous permettre d'investir dans l'immobilier à très haut-rendement.

Il est difficile de résumer lors d'une présentation tout ce qu'un conseiller en gestion de patrimoine peut faire. En réalité, la gestion de patrimoine regroupe des activités telles que :

- le conseil et la mise en place d'investissement financier ;
- le conseil et la mise en place d'investissement immobilier ;
- le courtage et la souscription d'assurance vie ;
- le courtage et la souscription de contrat retraite et de prévoyance ;
- être l'intermédiaire en opération de banque ;
- la recherche de financement ;
- l'ingénierie patrimoniale (penser sur tous les aspects et plans une stratégie patrimoniale complexe pour répondre à vos objectifs avec vos moyens) ;
- et tant d'autres services encore...

En d'autres termes, vous pouvez faire appel à un CGP lorsque vous avez besoin de :

- préparer votre retraite ;
- placer votre capital ;
- obtenir des compléments de revenus ;
- préparer votre succession ;
- optimiser vos placements financiers déjà existants ;
- diversifier votre patrimoine ;
- défiscaliser vos impôts ;
- échapper à l'impôt sur la fortune immobilière ;
- investir dans l'immobilier ;
- etc.

En bref, dès que vous avez une volonté ou une problématique financière et fiscale.

En réalité, un bon gestionnaire en patrimoine est votre deuxième cerveau. Un cerveau configuré pour penser et anticiper tous les avantages et conséquences d'un tel ou tel choix financier.

Le CGP ne sait évidemment pas tout faire et travaille énormément avec son réseau de partenaires. Par exemple, lorsque vous consulterez un CGP pour préparer votre retraite et qu'on vous conseillera d'ouvrir un plan épargne retraite (PER), le CGP en lui-même sera incapable de vous en fournir un. Il travaillera avec différentes sociétés et banques spécialisées dans la gestion des PER et son rôle sera de vous proposer le plus performant et le plus adapté à vos besoins. Le CGP a pour mission d'effectuer le travail de recherche pour vous et de sélectionner ce qu'il convient à vos besoins.

Cependant, est-ce que tous les conseillers en gestion de patrimoine se valent ? Je peux être honnête avec vous ? Clairement non et je dirais même que certains sont incompétents !

En banque ou indépendant ? Les deux types de CGP

Les CGP exerçant en banque peuvent être les meilleurs de la planète, ils seront toujours limités par l'offre de la banque !

Je connais suffisamment de CGP en banque et ai récupéré suffisamment de clients venant de banques pour vous assurer que ce qu'ils vous proposeront ne sera jamais à la hauteur d'un bon conseiller indépendant pour la simple et bonne raison que l'offre de la banque est limitée à ce qu'elle possède et surtout à ce qu'elle sait faire.

Il est également important de préciser que le personnel de banque travaille souvent avec des horaires d'ouverture de bureaux et ont de nombreuses semaines de vacances par an, ce qui a pour effet de les rendre peu disponibles et peu réactifs. Les conseillers en gestion de patrimoine indépendants sont par définition même indépendants et adaptent leur planning aux besoins de leur client. Et je peux vous assurer que pour avoir déjà fait le comparatif, à compétences de CGP égales, la satisfaction des clients est nettement plus importante auprès des indépendants.

Vous l'aurez compris, si je devais vous donner un conseil, ce serait de vous tourner vers des cabinets en gestion de patrimoine et des conseillers indépendants. En effet, par principe le conseiller indépendant à des partenariats multiples avec de nombreux promoteurs, banques, assurances, SCPI, OPCI, etc. Il s'assure également de les mettre en concurrence pour vous permettre d'obtenir les meilleurs rendements, diminuer les coûts et avoir les services les plus *premiums* possibles.

Prenons l'exemple d'un client qui souhaiterait investir dans une SCPI (société civile de placements collectifs). S'il va voir sa banque (en admettant qu'elle en ait dans son catalogue), elle lui proposera uniquement celle avec qui elle est partenaire et cela s'arrêtera là. Au contraire, s'il se rend chez un bon conseiller en gestion de patrimoine, il lui proposera un éventail de SCPI toutes différentes les unes des autres.

En ce moment, lorsque je conseille des clients, je leur permets par exemple de souscrire dans des SCPI propriétaires d'un parc immobilier de bâtiments de santé ou d'éducation et moins dans les SCPI de bureau. La raison est simple : avec la crise du Covid-19, on peut craindre une diminution de la demande en termes de « bureau » dans les années à venir à cause de la tendance émergente au télétravail. De son côté, avec une population vieillissante, la demande en termes de santé croît chaque année un peu plus. Je suis également capable de proposer à mes clients des SCPI qui possèdent un parc immobilier situé à 80 % à l'étranger, ce qui signifie que leurs revenus sont nets de fiscalité puisque les impôts sont payés par la SCPI à l'étranger. Il en va de même avec les OPCI. Je propose à mes clients de très bons rendements nets de fiscalité grâce à des OPCI détenant un parc immobilier uniquement constitué de logements services pour les seniors. Les revenus de l'OPCI rentrent donc dans l'imposition des locations meublées non professionnelles et, grâce à un système d'amortissement, sont donc exonérés de toute fiscalité...

Certes, il est difficile lorsqu'on n'est pas du métier d'évaluer la qualité d'un CGP et surtout d'évaluer si l'offre de produit qu'il détient est pertinente. Souvent, les CGP indépendants affiliés à de grands groupes de gestion de patrimoine ont une offre complète et étoffée. Ainsi, l'une des choses importantes à prendre en compte lors de la sélection de son CGP, c'est la pertinence de son réseau. Un CGP entouré d'experts dans plusieurs domaines comme la comptabilité, l'immobilier, le droit sera à même de répondre à toutes vos problématiques et sa force n'en sera que meilleure.

5. La gestion de patrimoine en 5 étapes

Si vous avez une volonté ou une problématique financière, patrimoniale ou fiscale, vous allez donc prendre contact avec un CGP. La démarche de son point de départ à son point d'arrivée se décomposera globalement selon les étapes suivantes.

Étape 1 : l'étude ou l'audit patrimonial

C'est dans cette phase de découverte que votre CGP va récolter toutes les informations vous concernant. Afin de pouvoir réaliser une bonne étude patrimoniale, il lui est primordial de récolter vos informations concernant votre état civil, votre situation familiale, vos revenus, votre fiscalité, vos actifs immobiliers, vos actifs financiers, votre épargne. C'est également lors de ce premier rendez-vous que vous allez exprimer vos objectifs et/ou vos problématiques. Vous lui exprimerez aussi les moyens que vous êtes prêts à mettre pour y parvenir ainsi que la durée visée. C'est ce qui déterminera la stratégie patrimoniale de votre CGP. Lors de ce rendez-vous, vous aurez enfin l'occasion d'échanger avec votre CGP sur votre appétence ou votre aversion au risque et vos connaissances actuelles – selon si vous êtes un investisseur aguerri ou un novice sur le sujet.

Si le CGP auquel vous avez fait appel ne récolte qu'une bribe d'information, alors vous devez prendre peur et vous méfier. Il est impossible de proposer une stratégie patrimoniale correcte sans avoir absolument toutes les informations citées précédemment. Ne voyez pas votre CGP comme quelqu'un d'intrusif mais comme une personne soucieuse du moindre détail.

Étape 2 : le rendez-vous de solutions patrimoniales

Cette étape est l'une des plus importantes puisque votre CGP vous proposera la (ou les) stratégie(s) patrimoniale(s) qu'il a imaginée(s) et concoctée(s) pour vous. C'est à ce moment-là que vous pourrez commencer à évaluer son expertise et son panel de produits. Pour évaluer la qualité de votre CGP, rien de plus simple : la question est de savoir s'il a su répondre à vos attentes et surtout vous expliquer de manière détaillée comment il est parvenu à ce résultat et pour quelle raison.

Par exemple, vous avez contacté un CGP pour investir en résidence services car vous avez déjà un bien en Ehpad et vous souhaitez en acquérir un deuxième. Vous découvrirez un peu plus loin dans ce livre que l'investissement en résidence services est très intéressant notamment avec le statut de loueur meublé non professionnel (LMNP) – grâce à un système d'amortissement comptable de votre bien dans la majorité des cas, vous aurez plus de charges (comptablement) que de recettes, ce qui vous permettra de toucher des loyers non fiscalisés. Votre CGP est alors obligé de prendre en compte vos revenus fonciers ainsi que vos revenus professionnels puisque pour conserver le statut de LMNP vous devez obligatoirement respecter deux conditions essentielles :

- vos revenus issus de vos locations meublées doivent représenter moins de 50 % de vos revenus totaux ;
- vos revenus issus de vos locations meublées doivent être inférieurs à 23 000 € (charges incluses) par an.

Sans ces deux conditions, vous serez automatiquement considéré comme loueur meublé professionnel.

Voici un exemple qui peut vous permettre de discerner un vrai CGP (même si ce que je viens de vous dire est une réflexion basique pour un CGP) et donc savoir si vous pouvez lui faire confiance. Vous l'aurez compris, si votre CGP n'a pas toutes vos informations financières, il ne pourra vous proposer une stratégie patrimoniale pertinente et vous induira en erreur.

Étape 3 : la validation de la stratégie patrimoniale

Après le rendez-vous de l'étape 2, votre CGP vous fournira un récapitulatif complet de votre entretien, ainsi que des documents et des simulations. Dans le principe, vous aurez un temps de réflexion pour en discuter avec vos proches (souvent votre conjoint) pour pouvoir valider ou non la stratégie proposée par votre CGP. Il est ensuite de coutume de fixer un troisième rendez-vous pour vous permettre de revenir sur des points que vous auriez mal compris, sur des points qui ne vous conviendraient pas ou tout simplement pour informer votre CGP que vous validez sa stratégie et donc les produits qu'il vous a proposé. Si tel est le cas, cela vous amène directement à l'étape 4.

Étape 4 : la souscription et la mise en place de la stratégie

Après le rendez-vous de l'étape 3, votre CGP vous demandera les documents nécessaires. Évidemment, les documents varient en fonction des produits validés auparavant. Si vous souhaitez ouvrir une assurance vie ou acheter à crédit un appartement en loi Denormandie, la procédure ne sera pas la même. Cette étape est assez rapide aujourd'hui grâce au développement des outils numériques et tout peut être fait à distance.

Étape 5 : le suivi à vie !

Une fois les contrats signés et validés, votre CGP assurera dès lors votre suivi et s'occupera de vous tenir informé des étapes suivantes. Le parcours n'est encore une fois pas le même si vous réalisez un investissement immobilier, qui nécessite de faire appel à un crédit et de passer chez le notaire, ou si vous souscrivez à un Girardin Industriel qui nécessite simplement une signature et un virement bancaire.

Votre CGP a maintenant la responsabilité de vous suivre et ce, pour de nombreuses années (si c'est un vrai professionnel). Il a également pour mission de vous aider lorsque vous rencontrez des difficultés ou que vous avez besoin de déclarer vos impôts et ainsi déclarer les produits auxquels il vous a fait souscrire si ceux-ci ont un impact sur votre fiscalité.

Partie 1

La fiscalité des statuts d'investissement

Lorsque vous investissez dans l'immobilier en nom propre, vous avez le choix entre deux statuts principaux :

- la location nue ;
- la location meublée.

Au sein de ces statuts d'investissement, il y a ensuite des sous-régimes. C'est le cas du microfoncier et du régime réel en location nue et du micro-BIC, du régime réel simplifié et du régime réel en location meublée. Sachant que la location meublée peut elle-même être décomposée en deux grands statuts distincts et régie selon des règles bien distinctes propre à la personne et non au logement :

- le loueur meublé non-professionnel (LMNP) ;
- le loueur meublé professionnel (LMP).

N'ayez crainte si cela vous semble compliqué pour l'instant, vous allez vite voir que lorsqu'on y regarde d'un peu plus près, ce n'est finalement pas si difficile à comprendre. D'autant plus que vous allez vous intéresser et prêter une attention toute particulière au régime qui peut être pertinent par rapport à votre situation et vos projets de défiscalisation.

Avant de rentrer dans les détails de chaque statut et leurs sous-régimes, je vais d'abord répondre à une question qui m'est posée très régulièrement par des investisseurs souhaitant investir en nom propre : comment choisir le statut à adopter entre la location nue et la location meublée ?

Le choix du régime entre la location nue ou meublée peut se faire selon deux critères :

- les moyens du propriétaire : a-t-il les moyens (temps, argent praticité) de meubler son logement ?
- la stratégie patrimoniale et fiscale : quel régime est préférable pour limiter l'impact fiscal de l'investisseur ? Cela doit se déterminer au regard de ses objectifs financiers et de sa vision future de l'investissement.

Par exemple, un investisseur ayant pour ambition d'acheter des biens pour les rénover et les mettre en gérances – et ayant les capacités financières d'investir régulièrement – pourrait tendre vers la location nue en gérant ses charges déductibles grâce au déficit foncier procuré par les travaux réguliers. Tandis qu'un investisseur souhaitant acquérir un logement comptant ou avec un crédit plutôt court pour se constituer un patrimoine immobilier aura intérêt à louer son logement en meublé pour bénéficier d'une fiscalité faible, voire nulle, sur ses loyers grâce à l'amortissement comptable de son bien et du mobilier.

Si vous n'êtes pas plus éclairé après avoir lu ces quelques lignes c'est normal. Les personnes me posant cette question ne le sont généralement pas non plus. Ma réponse déçoit toujours, car je réponds systématiquement que cela dépend et qu'il faut prendre en compte un nombre important de facteurs pour apporter une réponse claire et cohérente. Conseiller une personne sur le statut à adopter sans avoir analysé sa situation patrimoniale, financière, fiscale, familiale ni avoir échangé avec elle sur sa vision de l'avenir à court, moyen et long terme et avoir défini des moyens financiers et temporels est tout simplement impossible.

L'autre option pour aiguiller les personnes sur le choix du statut à adopter est de leur exposer le fonctionnement et les principes ainsi que les liens de cause à effet sur leur choix de statut. C'est précisément ce que je vais faire dans ce livre.

Dès lors, avant d'attaquer les différents dispositifs de défiscalisation, en particulier les dispositifs de défiscalisation immobiliers, je suis obligé de vous expliquer le fonctionnement fiscal de chaque statut pour que vous compreniez par la suite les dispositifs que vous allez lire et peut-être adopter dans les mois ou années à venir. Je ne souhaite pas rendre cet ouvrage compliqué, mais pour comprendre le fonctionnement d'un investissement Pinel vous devez déjà connaître la fiscalité en location nue, notamment le fonctionnement des charges déductibles, des intérêts d'emprunt et la gestion du déficit des charges.

Si vous connaissez déjà la fiscalité des différents statuts et que vous souhaitez simplement en savoir plus sur un dispositif en particulier, vous pouvez passer cette partie et vous rendre au chapitre de votre choix. Si en cours de lecture, des informations vous échappent, je vous invite à faire un retour en arrière sur cette partie dédiée à la fiscalité pour vous rafraîchir les idées.

Je vous propose de passer tout de suite à la partie sur la fiscalité en location nue. La majeure partie des dispositifs de défiscalisation immobiliers font appel à des logements loués nus, elle sera donc la plus utile pour la plupart des cas.

Chapitre 2
La location nue

1. Principe et fonctionnement

Qu'est-ce que la location nue ?

La location nue fait référence à tous types de logements donnés en location nue. C'est-à-dire un bien immobilier loué sans aucun meuble ni équipement autre que les équipements nécessaires à la prise d'usage du logement. Il peut s'agir de logements d'habitation, de locaux commerciaux, voire de terrains.

Dans le cadre de la location nue d'un appartement, les seuls équipements présents seront les sanitaires, une salle de bain et des éléments de cuisine par exemple. La location nue vient en opposition à la location meublée puisqu'elle ne permet pas au locataire de vivre dans le logement sans apport extérieur de meubles.

Le principe fiscal de la location nue

Les revenus issus des locations nues sont considérés comme des revenus fonciers. Ils sont à indiquer dans la catégorie des revenus fonciers de la déclaration de revenus (formulaire n° 2042) – si vous êtes au régime réel, il faudra compléter le formulaire n° 2042 avec le formulaire n° 2044 ou n° 2044 SPE dans certains cas.

La location nue est ainsi régie par deux régimes bien distincts :

- le régime du micro-foncier ;
- le régime réel d'imposition.

Nous allons dans un premier temps examiner le régime du micro-foncier qui est le plus simple à comprendre et également le régime qui s'applique de plein droit, soit le régime automatique si vous ne précisez pas que vous souhaitez opter pour l'autre régime lorsque vous faites votre déclaration d'impôts.

Mais avant de voir les différences entre les deux régimes nous allons déjà nous pencher sur l'imposition des revenus fonciers.

2. L'imposition des revenus fonciers

Les revenus fonciers imposables sont en quelque sorte imposés deux fois.

L'impôt sur le revenu

Tout d'abord, les revenus fonciers viennent s'ajouter à vos revenus imposables. C'est-à-dire qu'ils viennent en complément de vos autres revenus et salaires soumis à l'impôt sur le revenu.

Exemple : si vous avez 30 000 € de salaire imposable (après déduction pour charges, ces dernières pouvant être déclarées au réel ou bénéficier d'un forfait de 10 %) et que vous avez 5 000 € de revenus fonciers imposables, alors votre imposition retenue sera de 35 000 €.

Les prélèvements sociaux

Les revenus fonciers imposables sont également soumis aux prélèvements sociaux d'un taux de 17,2 %.

■ Nature et utilité

Les prélèvements sociaux sont des taxes perçues sur les revenus du patrimoine et de placements encaissés par les personnes physiques domiciliées fiscalement en France. Ils sont destinés à financer la Sécurité sociale (et particulièrement son déficit), mais aussi les retraites et le revenu de solidarité active (RSA).

Les prélèvements sociaux sont perçus par l'État sur les revenus suivants :

- les revenus fonciers ;
- les plus-values de cession de valeurs mobilières (actions, parts sociales, stock-options, obligations, etc.) ;
- les rentes viagères constituées à titre onéreux ;

- les plus-values immobilières ;
- les revenus d'épargne logement (CEL et PEL) ;
- les revenus perçus *via* l'épargne salariale ;
- les produits de placement à revenu fixe ;
- les dividendes.

À noter

Les personnes non domiciliées fiscalement en France sont redevables malgré tout des prélèvements sociaux sur les revenus fonciers et les plus-values immobilières perçus en France.

■ Composition

Les prélèvements sociaux regroupent plusieurs taxes. Lorsqu'on parle de prélèvements sociaux de 17,2 %, il s'agit du cumul de toutes les taxes suivantes :

- la contribution sociale généralisée (CSG) dont le taux est de 9,9 % ;
- la contribution au remboursement de la dette sociale (CRDS) avec un taux de 0,5 % ;
- le prélèvement de solidarité dont le taux est de 2 % ;
- la contribution additionnelle dont le taux est de 0,3 % ;
- le prélèvement social avec un taux de 4,5 %.

Le calcul de l'imposition

Ainsi, si l'on reprend l'exemple d'une personne déclarant 5 000 € de revenus fonciers imposables, voici comment calculer l'imposition des revenus fonciers :

5 000 € × TMI (tranche marginale d'imposition)

Les revenus fonciers imposables se rajoutent au revenu global. Si l'on prend l'exemple d'une personne célibataire déclarant 30 000 € de revenus imposables, voici son impôt sur le revenu :

- 30 000 € = 3 017 € d'impôts sur le revenu en 2021 ;
- 35 000 € = 4 517 € d'impôts sur le revenu en 2021.

La différence de 1 500 € d'impôts correspond bien à la tranche marginale d'imposition du contribuable de 30 %.

Barème progressif d'imposition des revenus en France

Tranches de revenus du foyer fiscal	Taux d'imposition appliqué
0 à 10 084 €	0 %
10 085 à 25 710 €	11 %
25 711 à 73 516 €	30 %
73 517 à 158 122 €	41 %
Au-delà de 158 122 €	45 %

- Prélèvements sociaux : 5 000 € × 17,2 % = 860 €.
- Total : 1 500 € + 860 € = 2 360 € d'impôts sur 5 000 € de revenus fonciers imposables.

Découvrons maintenant la différence entre le régime du micro-foncier et le régime réel.

3. Le régime du micro-foncier

Le régime du micro-foncier est un régime simplifié d'imposition des revenus fonciers. Le principe est très simple : le contribuable déclare ses revenus fonciers encaissés au cours de l'année civile sur laquelle l'imposition porte (ex. : déclaration des revenus 2021 en avril 2022), le fisc applique automatiquement un abattement de 30 % pour charges et le contribuable obtient ses revenus fonciers imposables.

■ Exemple

Frédéric déclare avoir encaissé 10 000 € de loyer sur l'année 2021. En le déclarant au micro-foncier (case 4BE de la déclaration de revenus n° 2042), le fisc retient un forfait de 3 000 € au titre des charge. Frédéric a donc des revenus fonciers imposables de 7 000 €.

Dans ce régime, il n'est pas possible de déclarer les charges réelles comme c'est le cas dans le cadre du régime réel.

Cette option est alors intéressante fiscalement lorsque l'ensemble de vos charges déductibles réelles est inférieur à 30 % de vos loyers encaissés.

À noter
Il n'est pas possible de repasser au régime du micro-foncier moins de 3 ans après une déclaration au régime réel. Prenez donc garde si vous déclarer vos loyers au régime réel, vous devrez le faire pendant au moins trois années consécutives avant de pouvoir repasser au régime du micro-foncier.

4. Le régime réel

Le régime réel se trouve être beaucoup plus complexe que le régime du micro-foncier mais bien plus intéressant fiscalement dans de nombreuses situations.

Le principe du régime réel est le suivant : vous déclarez vos revenus fonciers encaissés (hors charges) au cours d'une année civile mais également vos intérêts d'emprunts (1) et vos charges déductibles réelles (2) – également désignées comme charges financières (1) et charges d'exploitation (2).

Les intérêts d'emprunt (charges financières)

Les intérêts d'emprunt (ligne 250, formulaire n° 2044) font partie, avec les charges déductibles, des deux catégories venant minorer vos revenus fonciers. Les intérêts d'emprunt sont déductibles s'ils proviennent d'un ou plusieurs crédits contractés pour un bien mis en location nue en vue de :

- son acquisition ;
- sa reconstruction ;
- son agrandissement ;
- sa conservation ;
- sa réparation ;
- son amélioration.

Les biens concernés doivent procurer des revenus fonciers actuels ou futurs. Par exemple, il est tout à fait possible de déclarer vos intérêts d'emprunt comme une « charge financière déductible » même si le crédit est affecté à un logement qui n'est pas encore loué mais le sera par la suite et ce, même si ce n'est pas avant plusieurs années. C'est notamment le cas pour les crédits souscrits pour des biens en cours de construction et qui ne seront pas livrés avant plusieurs années, les intérêts payés sont déductibles sur l'année où ils sont payés.

Attention : lorsqu'on parle d'intérêts d'emprunt au sens d'une charge fiscale déductible, nous ne parlons pas uniquement des intérêts payés sur un crédit. Voici ce que comprennent les intérêts d'emprunt (charges financières) au sens fiscal du terme :

- intérêts d'emprunt du crédit en cours affectés au(x) bien(s) en location nue ;
- primes d'assurance du crédit en cours affecté au(x) bien(s) en location nue (ex. : assurance du prêt payée chaque mois sur vos échéances de prêt) ;
- frais de constitution d'un dossier bancaire ;
- frais de garantie (hypothèque, privilège de prêteur de deniers) ;
- honoraires de notaire TTC liés à un acte de garantie ;
- sommes versées à un organisme de cautionnement (à hauteur du montant non remboursable en fin de crédit) ;
- frais de main levée d'hypothèque.

À noter

En cas de résiliation anticipée d'un emprunt, les frais inhérents au remboursement ne sont pas déductibles sauf si la résiliation est motivée par la souscription d'un prêt substitutif entraînant la baisse des intérêts restant dus.

Ainsi, comme vous pouvez le constater, les intérêts d'emprunt au sens fiscal du terme récurrents sont principalement les intérêts et l'assurance du prêt – les autres sont des charges ponctuelles survenant à la souscription du prêt, ce qui donne généralement un montant important d'intérêts déductibles la première année et moins les années suivantes.

Les charges déductibles (charges d'exploitation)

Les charges déductibles correspondent à un ensemble de charges payées au cours d'une année civile. Pour être déductibles des revenus fonciers, elles doivent répondre à un certain nombre de règles :

- la dépense doit se rapporter obligatoirement à un bien procurant un revenu foncier, c'est-à-dire faisant l'objet d'un contrat de location soit actuel, soit à venir ;
- la dépense doit être payée au cours de l'année civile pour laquelle la déclaration est faite pour être considérée comme déductible des revenus de cette même année ;
- la dépense doit être justifiable auprès de l'administration fiscale. Il est donc conseillé de conserver tous les justificatifs de paiement (ticket de caisse, facture, etc.).

Voici maintenant la liste des charges déductibles de vos revenus fonciers.

■ Les dépenses d'entretien, d'amélioration et de réparation

Il s'agit de l'ensemble des charges contribuant à améliorer le logement, le réparer ou l'entretenir. Entendez par là absolument tous les travaux sauf ceux visant à construire, reconstruire ou agrandir la structure de l'immeuble ou du bien en lui-même.

À noter

Pour les locaux destinés à un usage professionnel ou commerciaux, les dépenses d'amélioration ne sont pas déductibles à l'exception de celles destinées à faciliter l'accueil des personnes handicapées ou destinées à protéger les locaux de l'amiante.

■ Les dépenses acquittées pour le compte des locataires

Il s'agit des charges que le propriétaire a à supporter et dont il n'a pu obtenir le remboursement au 31 décembre de l'année de départ du locataire.

■ Les provisions pour charges de copropriétés

Chaque propriétaire possédant un bien en copropriété doit déduire les charges payées sur l'année qu'il déclare et réintégrer les charges non déductibles de l'années passée.

■ Les impôts et taxes inhérents au logement

Il s'agit principalement de la taxe foncière, mais cela englobe également des taxes comme la taxe d'équipement, des éventuelles taxes sur les bureaux, etc.

> ***À noter***
> *Les impôts payés par le locataire comme la taxe sur les ordures ménagères et la taxe d'habitation ne sont pas déductibles.*

■ Les cotisations d'assurance

Toutes les cotisations d'assurance liées à vos biens immobiliers sont entièrement déductibles de vos revenus fonciers (ligne 223 du formulaire n° 2044). Cela concerne aussi bien :

- l'assurance du bien (assurance PNO, propriétaire non occupant) ;
- l'assurance loyer impayé ;
- l'assurance contre la vacance locative.

■ Les charges de gestion

Vous pouvez déduire de vos loyers, au titre des charges déductibles, les frais d'agence immobilière mais également les frais de gardiennage ou de conciergerie qui concernent le logement loué. Vous pouvez aussi déduire de vos loyers les honoraires de professionnels comme un avocat, un notaire ou un huissier en cas de procédure pour régler des différends.

■ Les frais administratifs

Le fisc autorise la déduction de 20 € par an et par bien pour tous les petits frais administratifs.

Il est important de noter que cette liste n'est pas exhaustive et que le Code général des impôts prévoit que « toutes les dépenses effectuées en vue de l'acquisition et de la conservation de son revenu » sont également concernées.

5. La gestion du déficit foncier

Fonctionnement

Le déficit foncier est l'opposé du bénéfice foncier. C'est-à-dire que l'ensemble de vos charges (intérêts d'emprunt et charges déductibles) est supérieur à vos revenus fonciers. En d'autres termes, vous avez un résultat d'exploitation négatif.

Il est important de comprendre le fonctionnement du déficit foncier car lorsque vous souscrivez à des dispositifs de défiscalisation immobiliers vous êtes amené à déclarer du déficit dans la majorité des cas sur les premières années. Le déficit foncier est également un excellent moyen pour défiscaliser une partie de vos impôts sur le revenu, mais surtout pour échapper à l'imposition sur les revenus fonciers.

Le déficit foncier est un dispositif de droit commun non soumis au plafonnement des niches fiscales à hauteur de 10 000 € par an. C'est la sixième plus importante niche fiscale en France avec un manque à gagner pour l'État d'environ 1,7 milliard sur l'année 2021 (estimation issue du tome II de l'annexe « Voies et moyens » de la loi de Finances pour 2021). Nous aurons l'occasion de détailler ce dispositif dans sa partie dédiée. Mais pour l'instant, voyons d'abord les conséquences sur la fiscalité.

Le calcul du déficit foncier est composé de trois catégories de recettes/dépenses : les loyers perçus auxquels il faut soustraire dans un premier temps les intérêts d'emprunt (au sens fiscal du terme, ligne 250 formulaire n° 2044, en incluant les frais de courtage, etc.) puis, dans un second temps, les charges déductibles. Voici un exemple pour obtenir vos revenus fonciers imposables.

Revenus fonciers perçus	10 000 €
Intérêts d'emprunt	– 1 500 €
Charges déductibles	– 2 500 €
Revenus imposables	= 6 000 €

Maintenant, voyons l'exemple d'une année en déficit foncier.

Revenus fonciers perçus	1 000 €
Intérêts d'emprunt	– 4 000 €
Charges déductibles	– 2 000 €
Revenus imposables	= – 5 000 €

Dans un premier temps, il faut soustraire aux revenus fonciers perçus les intérêts d'emprunt. Dans le cas de notre exemple il faudra soustraire 4 000 € à 1 000 €. Cela donnera un résultat de – 3 000 €.

Les intérêts d'emprunt

L'une des règles les plus importantes lorsque vous calculez un déficit foncier, c'est de bien comprendre que les intérêts d'emprunt ne peuvent jamais s'imputer sur votre revenu global ! Ainsi, dans notre exemple, les 3 000 € restants après avoir effacé les revenus fonciers vont directement se mettre en report pour les années suivantes. Les intérêts d'emprunts non utilisés constitueront donc une réserve de déficit pour les années suivantes. Dès lors, l'année suivante, si l'on obtient un résultat positif, autrement dit un bénéfice foncier, les intérêts d'emprunt viendront diminuer ce résultat. Voici le principe.

Revenus fonciers perçus	10 000 €
Intérêts d'emprunt	– 1 500 €
Charges déductibles	– 2 500 €
Revenus imposables	= 6 000 €
Imputation du déficit antérieur (N–1)	– 3 000 €
Résultat fonciers nets	= 3 000 €

L'imposition des revenus fonciers ne portera alors que sur 3 000 € et non sur 6 000 €.

À ce stade, il est important de noter que le déficit n'a une durée de vie de 10 ans maximum. Ainsi, si vous avez un déficit constaté sur l'année 2020 et que pendant les 10 ans qui suivent vous n'avez pas de résultat foncier positifs – par conséquent vous n'utilisez pas votre déficit foncier généré en 2020 –, alors ce dernier est perdu. Il faut donc être vigilant à la gestion des charges et éviter de perdre du déficit foncier.

Les charges déductibles

Les charges déductibles sont un peu différentes des intérêts d'emprunt car ces dernières peuvent s'imputer sur votre revenu global à hauteur de 10 700 € maximum et ainsi venir diminuer vos salaires et votre imposition. Reprenons notre tableau d'exemple.

Revenus fonciers perçus	1 000 €
Intérêts d'emprunt	– 4 000 €
Charges déductibles	– 2 000 €
Revenus imposables	= – 5 000 €

Nous savons que dans cette situation les revenus fonciers sont intégralement gommés par les intérêts d'emprunt et nous avons pourtant 2 000 € de charges déductibles.

Ces charges vont donc s'imputer sur votre revenu global. Cela signifie que si vous avez déclaré 30 000 € de revenus sur l'année fiscale en cours, vous ne serez finalement imposé que sur 28 000 € car vos 2 000 € de charges viendront automatiquement en déduction de vos salaires. Voici ce que vous verrez apparaître sur votre déclaration d'impôts.

Tableau de report automatique

Libellé de la cellule à reporter	Montant	Libellé de la cellule dans la déclaration des revenus	Activer le report
435 – Report de la ligne 433 dans la limite de 10 700 €	6 381 €	4BC – Déficit imputable sur le revenu global	Report activé
438 – Total : ligne 436 + ligne 437	2 109 €	4BB – Déficit imputable sur les revenus fonciers	Report activé

Imaginons maintenant que vous ayez eu 52 000 € de charges déductibles sur la même année. Cela serait tout à fait possible si vous aviez acquis un bien et effectué des gros travaux de rénovation et de réhabilitation pour 50 000 €, et que vous ayez vos autres charges déductibles en supplément pour une valeur de 2 000 €.

Revenus fonciers perçus	1 000 €
Intérêts d'emprunt	– 4 000 €
Charges déductibles	– 52 000 €
Revenus imposables	= – 55 000 €

Les intérêts d'emprunt sont toujours déduits en priorité. Cela vous donne donc un résultat d'exploitation de 0 € et 3 000 € d'intérêts mis en report (1 000 € – 4 000 € = – 3 000 €).

Ensuite, nous constatons qu'il y a 52 000 € de charges déductibles. Or, nous savons que les charges déductibles ne peuvent s'imputer sur votre revenu qu'à hauteur de 10 700 €. Ainsi, si vous déclarez 30 000 € de salaire, 10 700 € sur les 52 000 € totaux viendront en déduction de vos revenus pour donner un revenu imposable de 19 300 € tandis que les 41 300 € restants seront mis eux aussi en report. Vous aurez alors une enveloppe composée des 3 000 € d'intérêts d'emprunt et des 41 300 € de charges déductibles soit un total de 44 300 €.

Ces 44 300 € correspondent à votre déficit foncier et ne seront imputables exclusivement que sur vos revenus fonciers nus dans les années à venir, dans la limite de 10 ans. De ce fait, si l'année prochaine vous obtenez 15 000 € de revenus fonciers, voici ce que cela donnera.

Revenus fonciers perçus	15 000 €
Intérêts d'emprunt	– 1 500 €
Charges déductibles	– 2 500 €
Revenus imposables	= 11 000 €
Enveloppe de déficit antérieur	44 300 €
Imputation du déficit antérieur	– 11 000 €
Revenus fonciers nets	= 0 €
Enveloppe de déficit après imputation	33 300 €

Comme vous pouvez le constater, le déficit généré sur les années antérieures a permis de ne payer aucun impôt sur les revenus fonciers tandis qu'il reste 33 300 € de déficit à imputer, ce qui correspond à environ 3 ans supplémentaires de revenus non fiscalisés. Sachant que les revenus fonciers sont imposés à hauteur de votre tranche marginale d'imposition et en plus à 17,2 % au titre des prélèvements sociaux, il est véritablement utile de bien déclarer ses intérêts d'emprunt et charges déductibles.

Vous l'aurez compris, en achetant des biens où vous investissez une importante somme dans la rénovation du logement, cela génèrera une somme importante de charges déductibles et vous assurera plusieurs années de revenus non fiscalisés.

Chapitre 3

La location meublée

1. Principe et fonctionnement

Qu'est-ce que la location meublée ?

La location meublée fait opposition à la location nue car il s'agit d'un régime d'imposition portant sur des biens mis à la location meublés.

Louer un logement meublé signifie que le logement peut être occupé par un locataire sans qu'il n'y ait besoin d'apporter son propre mobilier pour y vivre. Tous les éléments indispensables à la vie quotidienne doivent donc s'y trouver.

La liste du mobilier à fournir est fixée par décret. Le locataire doit pouvoir vivre, manger et dormir convenablement dans le logement en n'apportant que ses effets personnels et son linge de maison (serviettes, torchons, draps, etc.). Si le logement est équipé de plusieurs pièces, chacune d'entre elles doit être équipée du mobilier suffisant.

Ainsi, selon les textes officiels, le logement doit contenir au minimum :

- pour que le locataire puisse dormir : une literie (en incluant une couette ou une couverture), des dispositifs pour occulter les fenêtres dans les pièces utilisées pour dormir ;
- pour que le locataire puisse se restaurer et préparer ses propres repas : des plaques de cuisson, un four ou un four à micro-ondes, un réfrigérateur et un congélateur (ou un réfrigérateur composé d'un compartiment freezer), la vaisselle nécessaire pour prendre des repas, des ustensiles, une table et des sièges ;

- pour la vie au quotidien : des étagères de rangement, des luminaires suffisants, du matériel d'entretien ménager adapté aux caractéristiques du logement.

Il est évident que lorsque vous souhaitez louer un logement meublé, il faut le rendre le plus agréable et pratique à vivre pour le locataire. En effet, au-delà du respect du confort de la personne qui loue votre logement, cela réduit drastiquement le *turn-over* et réduit ainsi les frais d'agence ou la perte de temps consacrée à la recherche de nouveaux locataires.

Le principe fiscal de la location meublée

Les revenus issus des locations meublées sont considérés comme des BIC (bénéfices industriels et commerciaux). Car il faut bien comprendre que la location de biens meublés est une activité commerciale ! Il est cependant important de noter que lorsqu'on parle de location meublée, il s'agit d'un régime de location, mais que c'est le statut du loueur en personne qui fait varier le régime et, par extension, la fiscalité des revenus issus des locations meublées. En effet, en louant des logements en meublé soit vous serez loueur meublé non professionnel (LMNP), soit vous serez un loueur meublé professionnel (LMP).

Nous allons voir ces deux régimes ainsi que leur différence. En achetant ce livre sur la défiscalisation, il y a fort à parier que vous souhaitiez mieux comprendre le fonctionnement des dispositifs de défiscalisation et éventuellement le fonctionnement fiscal des différents statuts et régimes de location – c'est pourquoi je ne veux pas vous embrouiller avec des données impertinentes. Il est néanmoins nécessaire de comprendre les conséquences financières et fiscales qui pourraient vous arriver si vous veniez par mégarde à passer en loueur meublé professionnel. C'est pourquoi nous verrons les différences principales entre ces deux statuts.

2. Les démarches préalables

Si vous louez un logement en meublé, il y a de très grandes chances que vous optiez pour le régime réel vous procurant des avantages fiscaux incontestables. Mais le choix de ce régime nécessite l'intervention d'un cabinet comptable – vous serez ainsi accompagné dans toutes vos démarches. Voici néanmoins les différentes démarches à réaliser pour devenir loueur meublé.

Que vous soyez loueur meublé professionnel ou loueur meublé non professionnel, vous devez être immatriculer auprès d'un centre de formalités des entreprises (CFE).

Le loueur meublé non professionnel (LMNP)

L'activité de location meublée nécessite dans un premier temps une inscription auprès d'un centre de formalités des entreprises. Il s'agit du Tribunal de commerce dont dépend le bien que vous allez mettre en location.

À noter

En Alsace-Moselle et dans les DROM (départements et régions d'outre-mer), la réception et le traitement des formalités sont assurés par les services des impôts des entreprises.

L'inscription doit intervenir dans un délai maximum de 15 jours après le premier jour de location de votre bien. L'inscription se fait à l'aide du formulaire P0i (Cerfa n° 11921).

En effectuant cette démarche, vous pourrez :

- obtenir un numéro de SIRET ;
- faire reconnaître officiellement l'existence de votre activité ;
- indiquer le régime d'imposition que vous avez choisi.

Si vous disposez de plusieurs locations meublées à différents endroits, le greffe du Tribunal de commerce référent est celui où se trouve la location générant les revenus les plus élevés.

À noter

Chacune de vos locations meublées dispose d'un numéro de SIRET unique.

Le loueur meublé professionnel (LMP)

Si vous êtes loueur professionnel, le lieu de votre inscription dépend du fait que l'activité de logements meublés s'accompagne ou non de prestations de service :

- si l'activité de location ne comprend pas de prestation de services, alors l'inscription se fait auprès des CFE des Urssaf ;
- si l'activité comprend des prestations de service (par exemple des prestations de type hôtellerie ou résidences de services tels que petit-déjeuner, repas, renouvellement du linge mis à disposition, etc.), l'inscription doit se faire auprès des CFE des Chambres de commerce et d'industrie.

Vous obtiendrez alors également un numéro de SIRET et ferez connaître l'existence de votre activité à l'administration fiscale tout en indiquant le régime fiscal que vous avez choisi.

Comment ne pas devenir un loueur professionnel ?

Pour une majorité de personnes, il est cependant préférable de rester en loueur meublé non professionnel lorsque la location meublée n'est pas l'activité principale et qu'elle n'a pas vocation à le devenir. De fait, voici les conditions pour rester sous le statut de loueur non professionnel.

■ Les prestations

Vous ne devez pas assurer de prestations de service de type hôtellerie ou résidences services.

À noter

Il est toutefois possible de louer sous le statut du loueur meublé non professionnel des logements dans des résidences services à un exploitant en bail commercial, bien que ce dernier effectue lui-même des prestations de services hôtelières (ex. : acheter un logement dans un Ehpad ou une résidence étudiante).

■ Les revenus

La qualité de loueur meublé non professionnel est reconnue lorsqu'au moins l'une des deux conditions suivantes est remplie (on trouve sur Internet beaucoup de sites peu clairs et qui n'expliquent pas la vérité à ce propos, soyez vigilant...).

Vos revenus issus de vos locations meublées ne doivent pas être supérieurs à vos salaires. Cela signifie que les revenus bruts (loyers + charges) issus des locations meublées doivent être inférieurs à vos revenus issus de la catégorie des traitements et salaires (cela inclut les pensions et rentes viagères, ainsi que les revenus des gérants et associés mentionnés à l'article 62 du CGI), des bénéfices industriels et commerciaux (autres que ceux tirés de l'activité de location meublée), des bénéfices agricoles et des bénéfices non commerciaux.

Vous pouvez conserver le statut de loueur meublé non professionnel quel que soit le montant de vos revenus (même si vous n'en n'avez pas) tant que vos recettes annuelles (loyers + charges) issues de vos locations meublées sont inférieures à 23 000 €. Si jamais vos recettes sont supérieures à 23 000 €, alors pour ne pas passer en statut professionnel, vous devez justifier que ce n'est pas votre activité principale et que par conséquent vos recettes issues des locations meublées représentent moins de 50 % de vos revenus totaux.

■ Exemples

Si Pierre déclare 10 000 € de salaire et 22 000 € de recettes tirées de locations meublées. Il est « non professionnel » car ses recettes sont inférieures à 23 000 €.

Si Jean déclare 100 000 € de salaire et 80 000 € de recettes tirées des locations meublées. Il est « non professionnel » car 100 000 € + 80 000 € = 180 000 € au total et 80 000 € de recettes tirées des locations meublées représentent moins de 50 % de ses revenus totaux. Ainsi ce n'est pas son activité principale.

Dans le cas d'un couple, si Monsieur déclare 50 000 € de salaire et Madame 50 000 € également, ils sont bien à 100 000 € de revenus dans le foyer fiscal. En revanche, s'ils déclarent

80 000 € de recettes tirées des locations meublées, ils seront considérés comme professionnels car 80 000 € représentent plus de la moitié des revenus de Monsieur et plus de la moitié des revenus de Madame. Il s'agit alors, selon l'administration fiscale, de leur activité principale. Pour ne pas passer en « professionnel », ils doivent percevoir au maximum 49 999 € de recettes issues des locations meublées.

À noter

Lorsqu'on parle des revenus dans la catégorie des salaires et traitements, pour déterminer le montant des revenus, il faut prendre les revenus nets de chaque catégorie, c'est-à-dire après déduction des charges.

Ainsi, une personne qui déclare 47 000 € de revenus issus des locations meublées et 50 000 € de salaire ne devrait pas, en théorie, être un « professionnel ». En revanche, si cette personne déclare des frais réels avec un forfait de 10 % pour charges, elle se retrouve avec des revenus nets de 45 000 € – chiffre qui sera retenu –, elle sera considérée comme un « professionnel ».

Cela fonctionne de la même manière pour les revenus issus des locations nues. Sont retenus les revenus imposables, c'est-à-dire après déduction des intérêts d'emprunt et charges déductibles. Les revenus exonérés d'impôts ne sont pas pris en compte pour le calcul des salaires et traitement.

Pour les personnes se rémunérant sur les dividendes de leur entreprise, les revenus sont considérés comme des revenus patrimoniaux et non comme des revenus professionnels et dans ce cas ils ne sont pas pris en compte.

Chapitre 4

Le loueur meublé non professionnel (LMNP)

Nous venons de voir les conditions à respecter pour rester loueur non professionnel et ainsi bénéficier de la fiscalité avantageuse de ce statut. Voyons dès à présent l'imposition des revenus fonciers en location meublée.

1. Les différents régimes d'imposition

Les revenus fonciers sont imposés aux mêmes titres que les revenus fonciers en location nue. C'est-à-dire qu'après la déduction des charges, les revenus fonciers imposables issus de la location meublée seront soumis à :

- l'imposition sur le revenu (IR), selon votre tranche marginale d'imposition (TMI) ;
- l'imposition au taux des prélèvements sociaux (PS), au taux de 17,2 %.

En location meublée, il existe trois régimes distincts :

- le micro-BIC ;
- le régime réel simplifié ;
- le régime réel normal.

À noter

Il est possible d'opter, avant le 1er février de chaque année, pour un régime supérieur à celui dont le loueur relève normalement à raison du montant de ses recettes. La première année d'activité, l'option peut être exercée au plus tard jusqu'à la date de dépôt de la première déclaration de résultat.

Le micro-BIC

Le micro-BIC est l'un des régimes les plus simples du statut du loueur meublé non professionnel. Comme pour la location nue, vous bénéficiez d'un abattement forfaitaire. Il s'agit du régime qui s'applique de plein droit si vous ne faites pas de démarches spécifiques.

Sous le régime du micro-BIC, vous bénéficiez d'un abattement forfaitaire de 50 % pour charges sur des logements classiques (ou d'un abattement de 71 % pour les chambres d'hôtes ou meublés de tourisme classés). Cependant, pour en bénéficier, il faut impérativement que vos recettes soient inférieures à 72 600 € (170 000 € pour les chambres d'hôtes et les meublés de tourisme classés).

■ **Exemple**

Jean déclare 10 000 € de recettes issues des locations meublées professionnelles. En étant au régime du micro-BIC, l'État enlève 50 % de ses loyers au titre des charges et Jean est imposé sur la moitié de ses recettes, soit 5 000 €.

Ce choix de régime est intéressant notamment lorsque les charges déclarées au régime réel ne sont plus suffisamment importantes pour gommer au moins 50 % des recettes. C'est souvent le choix de régime utilisé lors de la fin de vie d'un investissement, lorsque l'amortissement est épuisé.

Le régime réel simplifié d'imposition

Ce régime est celui qui s'applique de plein droit si les recettes sont comprises entre 70 000 € et 238 000 € (ou entre 170 000 € et 789 000 € pour les chambres d'hôtes et les meublés de tourisme classés).

Il faut alors compléter les formulaires 2031, 2031 Ter et les annexes comptables (liasse fiscale 2033) et reporter le résultat sur le formulaire 2042-C-Pro. Rassurez-vous, en optant pour ce régime, vous entrez dans le cadre d'une activité commerciale nécessitant la réalisation d'un compte de résultat et vous serez alors accompagné par un cabinet comptable – il vous suffira de reporter les résultats en prenant les comptes fournis par votre comptable.

Le régime réel normal d'imposition

Ce régime est celui qui s'applique de plein droit si les recettes sont supérieures à 238 000 € (supérieures à 789 000 € pour les chambres d'hôtes et les meublés de tourisme classés). Il faut alors compléter les formulaires 2031, 2031 Ter et les annexes comptables (liasse fiscale 2033) et reporter le résultat dans le formulaire 2042-C-Pro, exactement comme pour le régime réel simplifié d'imposition.

Les différences portent principalement sur le mode déclaratif des résultats mais nous n'allons pas en tenir compte dans ce livre. Nous allons nous concentrer sur le régime réel simplifié d'imposition et la fiscalité du loueur meublé non professionnel.

2. La fiscalité

Vous l'aurez compris, à part en déclarant au micro-BIC, le régime sur lequel nous allons nous plonger pour comprendre la fiscalité en LMNP est le régime réel simplifié d'imposition. Ce sera le régime que vous utiliserez très probablement si vous louez un bien en meublé.

Revenus, charges et amortissements

Lorsque vous louez des biens en meublé, vous exercez une activité commerciale. À ce titre, vous devez fournir à l'administration fiscale un compte de résultat comme toute entreprise exerçant une activité commerciale. Étant donné que vous êtes un loueur meublé non professionnel, vous pourrez fournir une version allégée de votre comptabilité.

Si vous souhaitez mieux comprendre la logique et le fonctionnement de la comptabilité en loueur meublé non professionnel, vous pouvez regarder la liasse fiscale 2033-B, soit l'une des annexes fiscales à fournir au centre des impôts et qui correspond à un compte de résultat simplifié.

En loueur meublé non professionnel, vous devez donc retenir que le fonctionnement est un peu différent de la logique d'imposition des revenus fonciers nus. Dans une logique de lecture de haut en bas, voici comment fonctionne la fiscalité en meublé.

■ Les revenus

Comme pour la location nue, la base de votre compte de résultat est constituée de vos revenus.

■ Les charges d'exploitation

Contrairement à la location nue où venaient en déduction prioritaire les intérêts d'emprunts, en location meublée, et plus généralement dans le cadre d'une activité commerciale, viennent d'abord en déduction les charges d'exploitation.

Au sein des charges d'exploitation, lorsque vous remplissez (ou analysez) la déclaration 2033-B, vous vous rendez compte que les amortissements comptables viennent s'insérer dans les charges d'exploitation. Et ce sont ces amortissements qui présentent un avantage fiscal tout particulier.

Si vous vous demandez de quoi sont constitués les charges d'exploitation, vous pouvez globalement considérer que la liste des charges d'exploitation correspond à la même liste que dans le cadre de la location nue, mais vous pouvez rajouter deux charges supplémentaires propres à la location meublée :

- les frais de comptabilité (il faut compter en moyenne 250 € par an pour la gestion d'un bien meublé et 90 € supplémentaires par bien en plus) ;
- la cotisation foncière des entreprises (CFE) due à partir de 5 000 € de recettes (il faut compter environ 250 € par an également).

■ Les charges financières

Une fois calculée la différence entre les recettes et les charges d'exploitation, vous obtenez un résultat d'exploitation soit positif, soit négatif. Il faut maintenant déduire à ce résultat les charges financières !

Les charges financières correspondent aux intérêts d'emprunt en location nue. C'est-à-dire les charges afférentes au crédit bancaire des biens mis en location meublée (intérêts d'emprunt et assurance du prêt) mais également, la première année, aux frais de dossier, de courtage, de cautionnement, etc. Pour en savoir plus, vous pouvez vous référer à la partie dédiée aux intérêts d'emprunt dans le chapitre 2.

■ Les droits de mutations, honoraires, frais d'actes et commissions

Il faut savoir qu'en meublé, contrairement à la location nue, il est possible de déduire l'intégralité des droits de mutation, souvent résumés dans le langage courant aux « frais de notaire ». Ceux-ci comprennent :

- une taxe départementale (variable selon les départements mais en moyenne 4,5 %) ;
- une taxe communale (1,2 %) ;
- des frais d'assiette (0,1 %) ;
- la rémunération du notaire, également appelée « émoluments », proportionnelle et comprise entre 0,8 % (pour la tranche au-delà de 60 000 €) et 3,945 % (pour la tranche de 1 € à 6 500 €) ;
- des émoluments de formalités ;
- la TVA sur les émoluments de formalités ;
- les frais de publication par le service des hypothèques.

Les commissions que vous pourriez supporter sont également déductibles. Il s'agit dans la plutart des cas des commissions d'agence immobilière.

Ces frais peuvent être déduits comme une charge déductible immédiate ou amortis dans le temps. Si vous choisissez de les déduire, vous ne pourrez le faire que l'année d'acquisition du bien et cette option est irrévocable. Cela signifie que par la suite, si vous veniez à acquérir d'autres biens, ils devraient être soumis à la même option : soit être considérés comme une charge déductible, soit être intégrés à l'actif du bilan et amortit dans le temps.

Pour résumer le schéma et l'idée de la comptabilité en meublé (sur une année postérieure à l'année d'acquisition) :

Revenus – Charges d'exploitation (dont les amortissements) = Résultat d'exploitation – Charges financières = Résultat fiscal

■ Les amortissements comptables

En location meublée, il est donc possible d'amortir vos biens, votre mobilier et vos travaux ! L'amortissement en comptabilité correspond à la perte de valeur théorique d'un bien lié à l'usage de l'objet dans le cadre de l'activité d'une entreprise. Ainsi, que ce soit votre bien immobilier ou son mobilier, chaque année votre comptable constatera une perte de valeur qu'il reportera comme une charge déductible. Charge déductible qui viendra diminuer vos revenus imposables et, par conséquent, votre fiscalité, mais qui n'engendrera aucune sortie de trésorerie puisque la perte de valeur n'est que comptable.

Par exemple, un appartement d'une valeur de 100 000 € amorti comptablement sur une durée de 25 ans donnera lieu à une charge déductible de :

100 000/25 = 4 000 € par an

Et si l'on ajoute à cela le mobilier d'une valeur 10 000 € amortissable sur une durée de 10 ans, cela donne :

10 000/10 = 1 000 € par an

Soit un total de 5 000 € de charges déductibles supplémentaires par an !

Loyers perçus	9 000 €
– Charges d'exploitation	– 2 000 €
– Amortissements (normalement compris dans les charges d'exploitation mais détaillés à part pour l'exemple)	– 5 000 €
= Résultat d'exploitation	2 000 €

▶

– Charges financières	– 1 200 €
= Résultat fiscal	= 800 €

L'imposition est la suivante :

- impôt sur le revenu : 800 € × TMI (tranche marginale d'imposition) ;
- prélèvements sociaux : 800 € × 17,2 %.

Comme vous pouvez le constater, il est simple de réduire son imposition grâce au système de l'amortissement. Si l'on avait eu les mêmes charges d'exploitation et charges financières en location nue, le résultat n'aurait pas été de 800 € mais bel et bien de 5 800 € ! De quoi diminuer drastiquement la facture fiscale.

Il faut également noter que contrairement à la location nue, les travaux réalisés dans un bien meublé ne sont pas considérés comme une charge déductible mais souvent comme une charge amortissable dans la durée. En effet, pour tous travaux supérieurs à 500 €, ces derniers seront la plupart du temps amortis sur plusieurs années (cela varie en fonction des travaux). Ce qui est différent de la location nue où les travaux sont imputés sur une seule et même année générant du déficit foncier.

À noter

La méthode d'amortissement d'un bien ainsi que sa durée varie selon les méthodes employées par votre comptable. En général, un bien meublé s'amortit sur une durée allant de 25 à 40 ans.

Il faut savoir également qu'en comptabilité il n'est pas toujours possible de déterminer la valeur du terrain sur lequel est construit l'immeuble. Par conséquent, le comptable doit déterminer un ratio entre la valeur du terrain et la valeur des murs. Comme ce ratio n'est que très rarement indiqué dans l'acte d'achat, il est coutume d'estimer que le terrain représente 15 % de la valeur totale du bien. Ainsi, si vous avez acquis un appartement pour 100 000 €, les amortissements ne porteront que sur 85 000 €.

Cette valeur de 15 % est discutable car toutes les régions en France ne se valent pas en termes de valeur de terrain, mais il y a une tolérance de l'administration fiscale qui ne remet pas en cause cette évaluation. Aussi étonnant que cela puisse paraître, il y a de nombreux vides juridiques dans les textes de loi concernant la location meublée et très peu de jurisprudence.

Concernant la durée d'amortissement, il est coutume que le bien immobilier soit amorti sur une durée allant de 25 à 40 ans (voire plus). Les comptables ont des clés de répartition qui les guident pour évaluer la durée d'amortissement de chaque composant de l'appartement. Par exemple, le système électrique ne sera pas amorti sur la même durée que la toiture ou encore les murs, etc. En revanche, certains comptables, dans certaines situations, amortissent simplement le bien dans sa globalité sur 25 ans (ou plus). Parfois, il peut être avantageux pour vous d'amortir votre bien sur une durée inférieure à 25 ans, notamment 20 ans. Vous pouvez toujours demander à votre comptable de le faire mais l'administration fiscale pourrait considérer la durée comme abusive et décorrélée de la réalité et ainsi remettre en cause la durée de votre amortissement... Encore une fois, les textes de loi sont assez imprécis sur le sujet.

Retenez que si vous deviez partir sur une durée d'amortissement la plus courte, ce serait 25 ans, mais qu'il est possible sur des appartements anciens d'opter pour un amortissement sur 20 ans.

3. Le déficit foncier

Contrairement à la location nue, le déficit foncier en loueur meublé non professionnel ne peut s'imputer sur votre revenu global (même si vos revenus d'activité professionnelle sont des BIC, bénéfices industriels et commerciaux).

Un déficit foncier en loueur meublé non professionnel ne sera imputable que sur des revenus fonciers meublés !

Comment créer du déficit foncier en location meublée ?

Dans le cadre de la location meublée, seules les charges d'exploitations et les charges financières (nom équivalant aux charges déductibles et intérêts d'emprunt en location nue) supérieures aux recettes créent du déficit foncier reportable sur une durée de 10 ans. Les amortissements, quant à eux, créent ce qu'on appelle un amortissement différé, ce qui varie du déficit car les amortissements différés n'ont pas de limites de validité dans le temps.

En réalité, il est courant que dans le cadre d'un investissement en meublé, la (ou les) première(s) année(s) vous ayez des charges d'exploitation et des charges financières supérieures à vos recettes, ce qui génère du déficit foncier. Déficit foncier qui sera mis en report pour une durée maximale de 10 ans et vos amortissements les premières années seront donc mis intégralement en report pour une durée illimitée dans le temps.

Admettons que Frédéric ait acquis un logement qu'il loue en meublé. Comme ses recettes sont inférieures à 23 000 € par an, Frédéric est considéré par l'administration fiscale comme non professionnel.

Admettons que sur l'année 2022 Frédéric ne loue son bien que deux mois dans l'année car par la suite il ne trouve pas de locataire. Voici à quoi ressemblerait son compte d'exploitation de manière simplifié.

Loyers perçus	1 000 €
Charges d'exploitation (taxe foncière, comptabilité, assurance du bien, petits travaux, etc.)	– 2 500 €
Résultat d'exploitation	= – 1 500 €
Amortissements	4 000 €
Charges financières (intérêts d'emprunt, assurance du prêt, frais de courtage, frais de dossier, etc.)	2 000 €
Revenus fiscal retenu	= 0 €
Déficit foncier mis en report pour 10 ans maximum	= 3 500 €
Amortissements différés mis en report pour une durée illimitée	= 4 000 €

Comme vous pouvez le constater, les charges d'exploitation (taxes, prime d'assurance, frais d'agences, etc.) et les charges financières (intérêts d'emprunt, assurance du crédit, frais de courtage, etc.), lorsqu'elles sont supérieures aux recettes, créent du déficit foncier et les amortissements n'ont donc plus aucun revenu à gommer. Ainsi, le déficit foncier résiduel lié aux charges d'exploitation et aux charges financières est mis en report pour une durée de 10 ans (comme en location nue) et les amortissements sont mis en report pour une durée illimitée.

Les années suivantes, vous vous retrouverez cependant avec deux silos distincts. Tout d'abord, vous aurez un silo rempli de votre déficit foncier avec une durée de validité de 10 ans et un autre silo rempli des amortissements différés non utilisés jusqu'à présent. Si vous vous retrouvez avec du résultat foncier positif, voici comment sera appréhendé votre comptabilité.

Par exemple, imaginons qu'en 2023 Frédéric perçoit 15 000 € de loyer et qu'il ait les mêmes charges que sur l'année 2022. Nous allons également imaginer qu'il ait 10 000 € de déficit foncier issus des années précédentes et 15 000 € d'amortissements différés. Voici quels seraient les calculs.

Loyers perçus	15 000 €
Charges d'exploitation (taxe foncière, comptabilité, assurance du bien, petits travaux, etc.)	– 1 500 €
Revenus imposables	= 13 500 €
Amortissement	– 4 000 €
Revenus fiscal	= 9 500 €
Charges financières (intérêts d'emprunt, assurance du prêt, etc.)	– 1 000 €
Résultat de l'exercice	= 8 500 €
Imputation des amortissements différés (en priorité)	– 8 500 €
Résultat définitif de l'exercice après imputation des amortissements différés	= 0 €
Silo de déficit foncier après imputation	*10 000 €*
Silo d'amortissements différés après imputation	*6 500 €*

Dans le cas où le loueur a un résultat positif après avoir déduit de ses recettes ses charges d'exploitation, ses amortissements de l'année et ses charges financières, alors les amortissements différés des années antérieures sont imputés en priorité. Le déficit foncier ne viendra s'imputer qu'en dernier recours, lorsque l'enveloppe d'amortissements différés sera épuisée.

Il est ainsi courant, notamment dans le cas d'investissements en résidences services, que la première année d'exploitation crée du déficit foncier, mais que par la suite les amortissements suffisent à gommer les recettes et ainsi, à l'issue de la 10e année, le déficit créé en année N+1 est perdu.

Certains investisseurs ont donc tenté d'inverser la tendance en imputant en priorité les déficits fonciers antérieurs (limité à 10 ans) avant les amortissements différés (sans limite dans le temps) mais se sont fait rattraper par la justice. Le Conseil d'État a rappelé cet ordre d'imputation dans un arrêt en date du 10 avril 2015 (CE 10/04/2015 n°369667).

Quoi qu'il en soit, vous l'aurez compris, l'un des principaux avantages de la location meublée et plus particulièrement en loueur meublé non professionnel concerne la faible, voire la non-fiscalité, des revenus locatifs.

En réalité, le principe de l'amortissement est une vraie aubaine fiscale car cela constitue des charges comptables sans être une réelle sortie de trésorerie même si parfois cela occasionne des pertes de déficit. Vous pouvez alors à ce moment-là vous demander s'il y a une contrepartie à ces avantages fiscaux que sont les amortissements ? Eh bien en réalité non… Contrairement au statut du loueur meublé professionnel ! C'est ce que nous allons voir tout de suite au travers de la taxation des plus-values immobilières en loueur meublé non professionnel.

4. Les plus-values

Lorsque vous êtes loueur meublé non professionnel, l'ensemble de vos biens meublés dépendent du régime des plus-values immobilières privées. Cela signifie qu'en cas de revente et de la réalisation d'une plus-value, vous serez imposé au même titre que pour la réalisation d'une plus-value sur une résidence secondaire par exemple.

La plus-value immobilière

La plus-value immobilière désigne un gain réalisé à la revente d'un bien immobilier. Il s'agit de la différence entre le prix d'acquisition d'un bien et son prix de revente.

> ***À noter***
> *En cas de bien reçu par donation ou par le biais d'une succession, la valeur d'acquisition correspondra à la valeur déclarée le jour de la succession ou de la donation.*

Le calcul de plus-value est égal à la différence entre le prix de vente (diminué des frais de cession) et le prix d'achat (majoré des charges et indemnités versées au vendeur, des frais d'acquisitions, du montant des travaux et frais de voieries éventuels).

■ Exemple

Julie achète un appartement d'une valeur de 100 000 € en 2020 et le revend 120 000 € en 2024.

Pour calculer la plus-value réalisée par Julie, il faut ajouter au prix d'acquisition les frais de notaire et la commission de l'agence immobilière (s'il y en a une). Le prix d'acquisition est donc :

= 100 000 + 7,5 % de frais de notaire + 4 % de frais d'agence ;
= 100 000 + 7 500 + 4 000 ;
= 111 500 €.

Si Julie avait entrepris des travaux durant les années où elle possédait le bien, elle aurait pu les intégrer. Pour pouvoir les intégrer, les travaux doivent être réalisés par une entreprise et justifiés *via* une facture par exemple.

Ensuite, pour avoir le juste prix de cession, il faut diminuer le montant de vente des frais liés à la cession comme le coût des diagnostics obligatoires, la commission de l'agence immobilière, etc. Le prix de cession est donc :

= 120 000 – 500 € de diagnostics – 4 % de frais d'agence immobilière de vente ;

= 120 000 – 500 – 4 800 ;

= 114 700 €.

Et la plus-value réelle :

= 114 700 – 111 500 ;

= 3 200 €.

Les plus-values immobilières privées sont imposées selon un barème dégressif au fur et à mesure des années. La base imposable repose sur une taxe de 19 % au titre de l'impôt sur le revenu (indépendant de votre tranche marginale d'imposition) et d'une taxe de 17,2 % au titre des prélèvements sociaux.

Dans notre exemple, cela donnerait :

3 200 × 19 % = 608 €

3 200 × 17,2 % = 550,40 €

Soit un total de 1 158,40 € de taxe sur la plus-value.

Tableau d'abattement pour durée de détention pour l'impôt sur le revenu (IR)

Durée de détention	Abattement
Entre 0 et 5 ans	0 %
6 ans	6 %
7 ans	12 %
8 ans	18 %
9 ans	24 %
10 ans	30 %
11 ans	36 %
12 ans	42 %
13 ans	48 %
14 ans	54 %
15 ans	60 %

▶

Durée de détention	Abattement
16 ans	66 %
17 ans	72 %
18 ans	78 %
19 ans	84 %
20 ans	90 %
21 ans	96 %
22 ans	100 %

Source : Direction générale des impôts.

Tableau d'abattement pour durée de détention pour les prélèvements sociaux (PS)

Durée de détention	Abattement
Entre 0 et 5 ans	0 %
6 ans	1,65 %
7 ans	3,30 %
8 ans	4,95 %
9 ans	6,60 %
10 ans	8,25 %
11 ans	9,90 %
12 ans	11,55 %
13 ans	13,20 %
14 ans	14,85 %
15 ans	16,50 %
16 ans	18,15 %
17 ans	19,80 %
18 ans	21,45 %
19 ans	23,10 %
20 ans	24,75 %
21 ans	26,40 %
22 ans	28 %

▶

Durée de détention	Abattement
23 ans	37 %
24 ans	46 %
25 ans	55 %
26 ans	64 %
27 ans	73 %
28 ans	82 %
29 ans	91 %
30 ans	100 %

Source : Direction générale des impôts.

Il est également très important de noter qu'au-delà de 5 ans de détention d'un bien immobilier vous avez le droit d'ajouter à votre prix d'acquisition un forfait pour charge de travaux de 15 % à votre bien !

Si l'on reprend notre précédent exemple et que Julie vend son bien en 2026 pour la somme de 120 000 €, voici comment l'administration fiscale aurait calculé la plus-value :

Prix d'acquisition + Frais de notaires + Frais d'agence + Forfait pour travaux de 15 % (disponible uniquement au-delà de 5 ans de détention)

Soit :

= 100 000 + 7 500 + 4 000 + 15 000 ;

= 126 500 €.

Ainsi, en vendant son bien 120 000 €, Julie n'aurait pas eu de taxe sur la plus-value.

À noter

En cas de plus-value supérieure à 50 000 €, une surtaxe s'échelonne sur un barème allant de 2 à 6 %.

L'avantage du régime des plus-value immobilières privées

Vous ne le savez peut-être pas mais, en France, lorsque vous êtes dans le cadre d'une activité commerciale immobilière et que vous bénéficiez d'avantages fiscaux indirects par le biais du système d'amortissement, vous devez déduire la valeur des amortissements pratiqués du prix d'acquisition, ce qui donne lieu à des plus-values importantes. Nous verrons ce système de calculs dans la partie dédiée à la fiscalité en loueur meublé professionnel. En revanche, le LMNP permet d'échapper à ce régime de taxation des plus-values tout en bénéficiant de l'amortissement. Ce qui n'est pas le cas lorsque vous êtes loueur meublé professionnel !

En réalité, les amortissements pratiqués sont une sorte d'avantage fiscal indu, car le bien ne perd pas réellement de sa valeur chaque année. C'est simplement une écriture comptable qui, en LMP, est réintégrée à la revente alors qu'en LMNP elle ne l'est jamais puisque les plus-values se calculent uniquement sur les gains réels ! Voici pourquoi une majorité d'investisseurs est vigilante au fait de ne pas basculer en LMP et de rester en LMNP durant toute la durée de détention de leur bien en meublé.

Si vous n'avez toujours pas compris la différence entre le régime des plus-values en LMNP et en LMP, aucune crainte, c'est normal. Vous comprendrez mieux pourquoi il est souvent désavantageux de basculer en LMP, du moins pour la plupart des investisseurs. Néanmoins, vous venez de comprendre en lisant ces quelques pages l'un des principes fondamentaux qui régit la location meublée et d'où l'ensemble des LMNP tirent leur avantage en bénéficiant d'une fiscalité réduite, voire nulle, sans contrepartie à la revente comme c'est le cas pour les professionnels ou les SCI à l'IS (même si l'imposition entre un LMP et une SCI à l'IS est différente sur la taxation).

5. La récupération de TVA

Si vous êtes loueur meublé non professionnel (ou que vous vous apprêtez à le devenir) et que vous achetez des appartements spécifiques, vous pouvez bénéficier d'un remboursement de TVA sous certaines conditions.

La TVA et les résidences services

La récupération de TVA, qui peut être un levier d'investissement puissant, ne vous concernera que si vous achetez un logement dans une résidence services sous certaines conditions... C'est-à-dire si vous avez déjà ou allez acquérir des logements anciens (dans un centre-ville ou dans une commune proche de chez vous par exemple) et que vous comptez les louer en meublé, alors la TVA ne vous concernera pas. Ni à l'achat, ni à la location, ni à la revente. Je parle de l'achat de logements anciens car il est très rare (et peu rentable) d'acheter un bien neuf pour le meubler et le louer, mais si c'était le cas, la TVA ne vous concernerait pas non plus.

La récupération de TVA ne vous concerne que si, comme des dizaines de milliers de Français, vous comptez investir dans des résidences services ! Pour résumer rapidement le principe des investissements en résidence services, voici leur fonctionnement et leurs avantages.

Une résidence services est un complexe composé d'un ensemble de logements privatifs offrant des services et des parties communes. Le tout géré par une société d'exploitation offrant des services para-hôteliers. Il peut s'agir de résidences comme des Ehpad, des résidences seniors, des résidences étudiants, des résidences de tourisme ou des résidences de tourisme d'affaire.

Lorsque vous achetez un bien dans une telle résidence, comme une chambre d'Ehpad par exemple, vous êtes propriétaire des murs mais vous devez également acheter le mobilier nécessaire à l'ameublement de la chambre. Vous signez ensuite un bail commercial avec la société d'exploitation qui s'engage à exploiter votre bien pour des durées allant de 9 à 18 ans et comme vous êtes dans le cadre d'un bail commercial, votre loyer vous est dû que votre chambre soit occupée ou non. Cela signifie que vous avez un loyer fixé d'avance et évoluant au gré de l'inflation (de l'indice de revalorisation des loyers pour être précis) garanti avec ou sans occupant. Étant donné que votre bien est loué meublé, vous bénéficiez du statut de loueur meublé professionnel et par conséquent, avec le système comptable de l'amortissement, vos loyers sont non-fiscalisés ou très faiblement fiscalisés. Ce sont les raisons qui poussent beaucoup de Français à investir dans ces résidences car cela amène de la simplicité de gestion (vous n'avez rien à faire, tout est géré par l'exploitant), de la sécurité (les loyers sont garantis) et des rentabilités correctes (entre 3,5 et 5 %).

La récupération de TVA fait simplement référence au fait que lorsque vous acheterez un bien neuf dans une résidence services, vous pourrez, sous certaines conditions, bénéficiez du remboursement de la TVA (comprise entre 5,5 et 20 %) sur le prix d'acquisition.

Pour pouvoir prétendre à la récupération de TVA, plusieurs conditions sont donc à respecter :

- le logement doit être neuf. Cela englobe les logements en cours de construction ou construit depuis moins de 5 ans et n'ayant encore jamais eu de propriétaire ;
- le logement doit être situé dans une résidence services. Pour être considéré comme une résidence services, la résidence doit proposer au moins trois services hôteliers de la liste suivante : accueil de la clientèle, fourniture du linge, petit-déjeuner, nettoyage des locaux ;
- le bien immobilier doit être acheté par l'intermédiaire d'une société exploitante. Un bail commercial d'au moins 9 ans doit être signé ;
- le bien doit être conservé au moins 20 ans ou revendu à une personne reprenant le bail dans les mêmes conditions (ce qui se passe à 99 % du temps) sous peine de devoir rembourser la TVA au *prorata-temporis*.

Si vous respectez toutes ces conditions, alors vous pouvez effectuer une demande pour récupérer la TVA sur votre bien immobilier.

Exemple

Jean achète une chambre dans une résidence services seniors pour 120 000 € TTC. Il fait un crédit bancaire pour financer son investissement. Il sait par avance que son loyer mensuel HT sera de 400 € soit 4 800 € à l'année, ce qui correspond à une rentabilité de 4,8 % (4 800 HT/100 000 HT).

En prenant un crédit sur 20 ans et en empruntant un montant de 120 000 €, voici la mensualité que Jean devra rembourser.

Montant emprunté	120 000 €
Durée d'emprunt	20 ans
Taux d'intérêts	1,10 %
Taux d'assurance	0,30 %
Mensualités du crédit	= 587 €
Coût total du crédit	*20 938 €*
Coût de l'assurance	*7 200 €*
Coût des intérêts	*13 738 €*

Source : Calculatrice de mensualités.

Jean rembourse donc une mensualité de 587 €. Voici comment fonctionnera son flux de trésorerie.

	Recettes	**Charges**				
	Loyer HT	**Mensualité de crédit**	**Compta-bilité**	**Taxe foncière**	**Total de charges**	**Effort d'épargne mensuel**
2022	4 800 €	7 044 €	250 €	300 €	7 594 €	232 €

Jean aura un effort d'épargne à fournir de 232 € par mois pour son investissement mais ne paiera pas d'impôts sur ses revenus grâce à l'amortissement de son bien et du mobilier ainsi que ses charges d'exploitation. En revanche, si Jean a acheté son bien en juin 2021, il aura reçu en décembre 2021 un virement de 20 000 € de l'administration fiscale car sa TVA lui est remboursée. Ce qui signifie que cela peut lui faire un apport pour financer un projet personnel, rembourser en anticipation l'un de ses prêts ou tout simplement lui permettre de le réinvestir dans des produits de placement rentables comme des OPCI non-fiscalisés (pour plus d'informations et savoir comment placer votre argent dans des produits rémunérateurs, sécurisés et rentables, vous pouvez consulter mon site Internet : *www.hagnere-patrimoine.fr*).

Dans notre exemple, Jean a fait le choix d'emprunter 120 000 € à la banque et de conserver les 20 000 € de TVA lorsqu'il les récupère. Il faut savoir que le remboursement de la TVA intervient généralement 3 à 6 mois après la demande de remboursement. Voyons maintenant si Jean avait décidé de rembourser une partie de son crédit avec ces 20 000 € pour réduire ses mensualités de crédit.

L'emprunt ne porterait alors que sur 100 000 € et non sur 120 000 €.

Montant emprunté	100 000 €
Durée d'emprunt	20 ans
Taux d'intérêts	1,10 %
Taux d'assurance	0,30 %
Mensualités du crédit	= 489 €
Coût total du crédit	*17 449 €*
Coût de l'assurance	*6 000 €*
Coût des intérêts	*11 449 €*

Source : Calculatrice de mensualités.

Ses mensualités seraient alors de 489 € au lieu de 587 €.

	Recettes	**Charges**				
	Loyer HT	**Mensualité de crédit**	**Comptabilité**	**Taxe foncière**	**Total de charges**	**Effort d'épargne mensuel**
2022	4 800 €	5 868 €	250 €	300 €	6 418 €	134 €

Nous voyons qu'en allouant le remboursement de la TVA à son crédit, Jean a diminué de 98 € par mois son effort d'épargne. Cette stratégie peut donc être adaptée pour ceux souhaitant limiter l'effort d'épargne mensuel.

Dans une autre hypothèse, nous pouvons égalons supposer que les 20 000 € de TVA seront conservés sur un compte à part et serviront à financer l'effort d'épargne de Jean pendant un peu plus de 7 ans. En effet :

- 20 000/232 = 86,20 € mois ;
- 86,20/12 mois = 7,18 ans.

La récupération de TVA peut être un excellent moyen pour ne pas fournir d'effort d'épargne pendant plusieurs années.

Une récupération pas systématique

Dans certains programmes les promoteurs « portent la TVA ». Cela signifie que vous achetez le bien hors taxes et n'effectuez un crédit que sur ce prix hors taxes tandis que le promoteur paye la TVA à l'État avant de se la faire rembourser quelques mois après. Le désavantage est évidemment que vous ne récupérez pas la TVA et qu'en fonction de votre profil financier et d'investisseur vous passez à côté d'un apport de liquidité important. En revanche, si vous avez des revenus moyens et que vous êtes déjà endetté, cela peut vous permettre d'obtenir plus facilement des accords de prêts car la banque vous prêtera moins et prendra moins de risques.

Il arrive également régulièrement que les banques financent les investissements en résidence services avec deux crédits bien distincts : un crédit immobilier classique sur 15, 20 ou 25 ans et un second crédit appelé « crédit de TVA » ne portant que sur le montant de la TVA. L'idée étant que vous remboursiez la TVA et donc votre crédit de TVA à la banque dès que l'administration fiscale vous aura reversé la TVA. Cela leur permet de s'assurer que vous n'allez pas dépenser l'argent récupéré de la TVA pour partir en vacances ou vous acheter une voiture de sport et ne plus pouvoir rembourser votre crédit immobilier en cas d'imprévu.

Si vous souhaitez vraiment pouvoir récupérer la TVA et en disposer librement, je vous invite alors à vous tourner vers votre propre banque et prendre le temps de lui expliquer ce que vous comptez faire des fonds une fois récupérés. Si vous avez une relation de confiance avec votre banque et que vous vous engagez à les placer sur des produits sécurisés ou tout simplement à les conserver pour ne pas avoir d'effort d'épargne pendant plusieurs années, alors la banque pourrait accepter de vous octroyer un seul crédit global. Cela dépend principalement de votre situation financière (endettement, épargne, revenus) et de la politique de la banque.

Si investir dans des résidences services vous intéresse et correspond à votre projet de vous constituer un capital immobilier important de manière sécurisée, ou encore de préparer votre retraite avec des revenus complémentaires, vous pouvez me contacter par mail (*quentin.hagnere@maxima.fr*). Après avoir réalisé votre étude patrimoniale, je pourrai vous orienter vers les solutions les plus adaptées à votre situation.

La revente du bien

Si vous revendez votre bien et que le bail commercial n'est pas reconduit, vous devriez rembourser la TVA au *prorata temporis* des années écoulées. Par exemple, si vous avez récupéré 20 000 € de TVA et que vous vendez votre bien sans que l'acheteur ne reprenne le bail commercial, vous devrez rembourser 50 % soit 10 000 € à l'État au bout de 10 ans. Si la même situation se produit au bout de 15 ans, ce sera 25 % de la somme à rembourser soit 5 000 €, etc., jusqu'à 20 ans. Au-delà de 20 ans, la TVA est totalement acquise et ne peut plus être réclamée par l'État.

À noter

La TVA n'est due que dans le cas d'une vente où l'acquéreur ne rependrait pas le bail commercial en cours ou que l'exploitant arrêterait définitivement son activité d'exploitation (cas extrêmement rare).

En règle générale, lorsque vous revendez votre bien situé dans une résidence services, l'acheteur en face est également un loueur meublé non professionnel et reprend votre bien dans les conditions en cours du bail. L'acheteur est donc, comme vous, assujetti à la TVA et vous n'avez aucune obligation de rembourser la TVA au prorata du temps écoulé.

Il existe ainsi un vrai marché des résidences services de seconde main. En 2020, le délais moyen pour revendre son bien en résidence services était de 7 semaines. Il ne faut donc pas vous inquiéter si vous achetez en résidence services et que vous récupérez la TVA, vous arriverez facilement à revendre à d'autres acheteurs reprenant le bail en cours et vous n'aurez rien à rembourser.

Mon conseil

Avant d'acheter dans des résidences services, plusieurs critères sont à vérifier pour acheter judicieusement et ne pas risquer des moins-values à la revente ou des soucis pouvant survenir pendant la période d'exploitation. Je vous conseille vivement de vous tourner vers un professionnel qui saura vous aiguiller et vous orienter vers les bons prestataires et surtout les bons programmes.

6. Le statut de LMNP et l'impôt sur la fortune immobilière (IFI)

Les biens que vous détenez et que vous exploiter en tant que loueur meublé non professionnel sont pris en compte dans le calcul de l'impôt sur la fortune immobilière.

Pour rappel, l'imposition sur la fortune immobilière est due par les personnes détenant plus de 1,3 million d'euros de patrimoine immobilier. Il y a cependant un abattement de 30 % sur la valeur de votre résidence principale pour le calcul de l'IFI.

Nous avons fait le tour des caractéristiques principales du statut de loueur meublé non professionnel. Pour rester concis et ne pas rendre cet ouvrage trop complexe, il n'est pas possible de rentrer dans les détails et d'aborder tous les aspects fiscaux de chaque point, mais en lisant ces quelques pages, j'espère que vous aurez compris les avantages et inconvénients des régimes et leurs différences majeures.

Chapitre 5

Le loueur meublé professionnel (LMP)

Pour louer de manière régulière des logements en meublé et en tirer des recettes importantes (en faire son activité principale au regard des autres revenus de la personne ou du foyer fiscal), il existe deux options possibles :

- au travers d'une SCI. Dans ce cas, la SCI sera à l'IS (impôt sur les sociétés) car une SCI à l'IR (impôt sur le revenu) ne peut louer régulièrement ou avoir des recettes importantes issues des locations meublées ;
- en tant que loueur meublé professionnel. Nous avons vu *supra* les conditions différenciant un loueur meublé non professionnel d'un professionnel.

1. Les conditions à remplir

Pour être ou passer en loueur meublé professionnel, il faut réunir ces deux conditions en même temps :

- avoir plus de 23 000 € de recettes brutes (loyers + charges) issues des locations meublées ;
- les recettes meublées brutes représentent plus de la moitié de vos revenus totaux. En d'autres termes, que vos locations meublées soient votre source de revenus la plus importante en comparaison de vos autres revenus.

Pour rappel, les recettes meublées sont comptabilisées brutes (c'est-à-dire vos loyers meublés chargés sans aucune déduction) et vos autres revenus sont comptabilisés nets (c'est-à-dire après déduction des charges).

Par exemple, après déduction du forfait pour charge de 10 % ou de votre déclaration réelle de charges pour vos salaires, ou encore si l'on prend l'exemple de vos revenus fonciers nus, ce sera après déduction des intérêts d'emprunt et charges.

■ Exemple

En 2022, Christiane à un emploi à temps partiel : elle gagne 5 000 € de salaire par an et déclare 1 000 € de charges réelles pour les kilomètres qu'elle parcourt pour se rendre au travail. Les impôts retiennent donc un revenu net de 4 000 €.

Christiane a également 30 000 € de revenus fonciers nus par an et déclare 3 000 € de charges déductibles. Les impôts retiennent donc des revenus fonciers nets de 27 000 €.

Christiane possède d'autres appartements qu'elle loue en meublé pour 24 000 € (loyers + charges) de recettes par an. Jusqu'à présent, elle est considérée comme LMNP car ses revenus meublés représentent moins de 50 % de ses revenus totaux :

- revenus meublés = 24 000 € ;
- autres revenus = 31 000 € (4 000 + 27 000).

En 2023, Christiane vient de vendre un appartement qu'elle louait nu et s'est fait licencier de son travail à temps partiel. Ainsi, elle ne perçoit plus que 20 000 € de revenus fonciers nus et ses charges déductibles sont désormais de 2 000 €, soit une retenue pour les impôts de 18 000 €. Ses recettes meublées sont toujours de 24 000 € :

- revenus meublés = 24 000 € ;
- autres revenus = 18 000 €.

Christiane est désormais considérée comme LMP.

2. L'imposition des recettes issues des locations meublées

L'imposition des revenus en LMNP est simple puisqu'il s'agit de soumettre le résultat d'activité à l'impôt sur le revenu du contribuable en fonction de sa tranche marginale d'imposition et soumettre également le résultat aux prélèvements sociaux au même titre qu'en location nue.

LMNP :

Résultat d'activité × TMI (IR)

Résultat d'activité × 17,2 % (PS)

En revanche, l'imposition pour un loueur meublé professionnel varie un peu car les résultats de son activité sont toujours imposés au titre de l'impôts sur le revenu. *A contrario,* il n'est plus assujetti à la CSG et n'est donc plus redevable des prélèvements sociaux à hauteur de 17,2 %. La redevance des prélèvements sociaux n'est due que pour les revenus issus du patrimoine. Or, pour un loueur professionnel, nous sommes dans le cadre de revenus issus d'une activité professionnelle, le loueur meublé est donc considéré comme un travailleur non salarié et doit s'affilier à la Sécurité sociale des indépendants (SSI). Par conséquent, les prélèvements sociaux dus par le loueur non professionnel ou le particulier qui perçoit des revenus nus, se transforment en cotisations sociales obligatoires.

LMP :

Résultat d'activité × TMI (IR)

Résultat d'activité × Taux de cotisations (SSI)

Les cotisations obligatoires pour les TNS (travailleurs non-salariés)

Ces cotisations représentent un montant d'environ 32 % (en moyenne) contre 17,2 % pour les prélèvements sociaux, soit une différence importante. Les cotisations à la SSI englobent globalement le financement de la retraite, des pensions invalidité, décès, etc.

Ces cotisations représentent un total compris entre 26,9 % et 37,5 %. Les taux varient en fonction des résultats imposables. Ainsi, plus vous déclarez un résultat important, plus les cotisations sont élevées.

Il faut bien noter que les cotisations sont dues sur la base du résultat net fiscal. C'est-à-dire après déduction des charges d'exploitations et des charges financières et donc après imputation des amortissements. Si vous avez 30 000 € de recettes mais un résultat net fiscal de 10 000 €, vous ne serez imposé que sur 10 000 €.

Les cotisations sociales dues sont en revanche déductibles de l'assiette de l'impôt sur le revenu.

■ Exemple

Justin est LMP et perçoit 30 000 € de recettes issues des locations meublées. Grâce à la déduction des charges d'exploitation financières et du système des amortissements, Justin déclare 10 000 € de revenus imposables.

Ainsi, en tant que LMP, Justin doit :

- cotisations Sécurité sociale des indépendants :
  - SSI = 10 000 € × 32 % (en moyenne) ;
  - SSI = 3 200 € ;
- impôts sur le revenu :
  - IR = 10 000 € – 3 200 € (les cotisations sociales dues sont déductibles de l'assiettes pour l'IR) ;
  - IR = 6 800 € (pris comme base taxable pour l'IR) ;
  - IR = 6 800 € × TMI (admettons 30 %) ;
  - IR = 6 800 € × 30 % ;
  - IR = 2 040 €.

Soit un total de 2 040 + 3 200 = 5 240 €.

Depuis le 1er janvier 2021, les loueurs meublés professionnels sont obligés de s'affilier à la SSI.

L'imposition des LMP en cas de déficit foncier

Si le LMP est imposé sur son résultat fiscal et non ses recettes, soit en cas de déficit foncier ou de résultat nul, il ne devrait pas payer d'impôts. Cependant, que ce n'est pas le cas et le LMP doit *a minima* régler 1 145 € de forfait fixe.

3. Les régimes d'imposition

En location meublée professionnelle comme non professionnelle nous retrouvons les trois mêmes régimes distincts vue dans le chapitre précédent :

- le micro-BIC ;
- le régime réel simplifié ;
- le régime réel normal.

Pour rappel, pour bénéficier des amortissements, vous devez opter pour le régime réel, car le régime du micro-BIC ne prévoit qu'un abattement de 50 % sur vos recettes au titre des charges et vous impose sur les 50 % restants.

4. La fiscalité

Les revenus, les charges d'exploitation et financières

Le fonctionnement des revenus, des charges d'exploitation, des amortissements et des charges financières est identique au LMNP (*cf.* chapitre 4).

Les amortissements comptables

Identiques au LMNP (*cf.* chapitre 4).

5. Le déficit foncier

La différence majeure, et pas des moindres entre un LMNP et un LMP, concerne le déficit foncier.

Lorsqu'un loueur meublé est professionnel et que ses charges d'exploitations et ses charges financières lui créent du déficit foncier, le déficit est imputable sur le revenu global de l'investisseur. Exactement au même titre que dans le cas du déficit foncier en location nue (sur les premiers 10 700 €).

Si après imputation du déficit sur le revenu global il reste du déficit, alors ce dernier sera mis en report pour effacer les recettes issues des locations meublées (comme les amortissements) pour une durée de 6 ans maximum. Ensuite, il sera perdu s'il n'est pas utilisé.

En revanche, le principe fiscal consistant à ne pas imputer les amortissements sur le revenu global est toujours en vigueur. Les amortissements, même pour un LMP, ne peuvent jamais s'imputer sur le revenu global. Ils sont mis en report jusqu'à ce qu'ils soient utilisés ou que l'activité prenne fin.

6. Les plus-values

L'autre différence majeure entre un LMNP et un LMP concerne l'imposition sur les plus-values. Après les cotisations obligatoires auprès de la SSI, c'est le deuxième point le plus important qui peut vraiment transformer un investissement en cauchemar financier si vous n'êtes pas dans les bonnes dispositions pour vendre votre bien.

Les biens vendus par un LMP sont imposés selon le régime des plus-values professionnelles ce qui est très différent des plus-values immobilières privées réalisées lors de la vente d'un bien par un loueur non professionnel.

> ***À noter***
> *Si vous oscillez d'une année sur l'autre entre le statut professionnel et non professionnel, la plus-value retenue sera celle qui correspond à votre statut l'année de la vente.*

Lorsqu'une plus-value professionnelle est réalisée, il faut alors distinguer deux choses :

- la plus-value à court terme ;
- la plus-value à long-terme.

La plus-value à court terme correspond à la valeur d'acquisition du bien minorée des amortissements réalisés jusqu'alors.

La plus-value à long terme correspond à la plus-value économique réelle, c'est-à-dire la différence entre le prix de vente et le prix d'acquisition.

Prenons l'exemple d'un bien acheté en 2000 pour une valeur de 100 000 € et revendu en 2004 pour 150 000 €. Si le bien est amorti sur 25 ans, alors chaque année 4000 € d'amortissements viennent réduire le résultat imposable de l'activité. (100 000/25 ans = 4 000 €/an).

La plus-value à court terme

La plus-value à court terme se calcule selon les formules suivantes :

PV à court terme = Valeur d'acquisition – VNC (Valeur Nette Comptable)*

** = Valeur d'acquisition – Amortissements déjà pratiqués*

Soit dans notre exemple :

= 100 000 – (100 000 – 16 000) ;

= 100 000 – 84 000 ;

= 16 000 €.

La plus-value à court terme est donc de 16 000 €.

■ Les taxes sur la plus-value à court terme

Cotisations sociales

En LMNP, les cotisations sociales sont équivalentes aux prélèvements sociaux.

Cotisations sociales = PV à court terme × % de cotisations sociales (SSI)

Soit dans notre exemple 16 000 × 35 % = 5 600 €.

Impôts sur le revenu

Impôt sur le revenu = (PV à court terme – Montant des cotisations sociales) × TMI

Soit dans notre exemple (16 000 – 5 600) × 30 % (TMI d'exemple, peut également être 11 %, 41 % ou 45 %) = 10 400 × 30 % = 3 120 €.

Ainsi pour la plus-value à court terme, nous obtenons un total d'impôts de 5 600 + 3 120 = 8 720 €.

Cette imposition ne porte que sur la plus-value à court terme, c'est-à-dire une plus-value relativement fictive puisqu'il ne s'agit pas de la différence entre un prix de vente et un prix d'acquisition, mais bel et bien du montant total des investissements déjà réalisés soumis aux cotisations sociales et à l'impôt sur le revenu.

La plus-value à long terme

La plus-value à long terme se calcule selon la formule suivante :

Plus-value à long terme = Prix de vente – Prix d'acquisition

Soit dans notre exemple 150 000 – 100 000 = 50 000 €.

■ Les taxes sur la plus-value à long terme

Prélèvements sociaux

Prélèvements sociaux = PV à long terme × Prélèvements sociaux (17,2 %)

Soit dans notre exemple 50 000 × 17,2 % = 8 600 €.

Impôts sur le revenu

L'impôt sur le revenu est un forfait fixe de 12,8 % et ne dépend pas de votre TMI.

Impôt sur le revenu = PV à long terme × Forfait d'impôts sur le revenu de 12,8 %

Soit dans notre exemple 50 000 × 12,8 % = 6 400 €.

Ainsi pour la plus-value à long terme nous obtenons un total d'impôts de 8 600 + 6 400 = 15 000 €.

Si l'on additionne la plus-value à court terme et la plus-value à long terme cela représente un total de 15 000 + 8 720 = 23 720 €.

> ***À noter***
>
> *Pour les biens détenus depuis moins de deux ans, la plus-value à long terme est remplacée par la plus-value à court terme.*

Voici le tableau récapitulatif de l'imposition.

Durée de détention du bien	Éléments amortissables	Éléments non amortissables
Moins de 2 ans	Plus-value à court terme	Plus-value à court terme
Plus de 2 ans	Plus-value à court terme dans la limite de l'amortissement déduit (puis à long terme au-delà)	Plus-value à long terme

7. Les exonérations de plus-value

Si les chiffres que vous venez de voir vous donne l'impression que les plus-values réalisées sous le statut de LMP sont sévères, il existe cependant des conditions sous lesquelles vous serez exonéré partiellement de taxes.

L'exonération sur les plus-values à court terme

Il est possible de bénéficier d'un abattement sur les plus-values à court terme. En voici les conditions.

■ Pour une exonération totale

CA inférieur à 90 000 € et 5 années d'exercice en LMP.

Le chiffres d'affaires (la moyenne) des deux dernières années doit être inférieur à 90 000 € et vous devez être LMP depuis plus de 5 ans (même si le bien revendu a été acquis il y a moins de 5 ans). Pour bénéficier de l'exonération, vous devez donc avoir 5 ans d'exercice en loueur meublé professionnel et ces 5 années peuvent être discontinues.

■ Pour une exonération partielle

CA compris entre 126 000 € et 90 000 € et 5 années d'exercice en LMP.

Pour bénéficier d'une exonération partielle sur la plus-value à court terme, vous devez avoir un CA (moyen) compris entre 126 000 € et 90 000 € sur les deux dernières années ainsi qu'avoir eu 5 années (continues ou discontinues) en LMP.

À noter

Lorsqu'on parle d'exonération (complète ou partielle) sur la plus-value à court terme, il s'agit en réalité uniquement de la partie portant sur l'impôt sur le revenu. La partie due au titre des cotisations sociales (SSI) reste inchangée.

L'exonération sur les plus-values à long terme

Lorsque vous détenez un bien depuis plus de 5 ans, vous bénéficiez d'un abattement de 10 % pour chaque année supplémentaire échue au titre de l'exercice. Cela signifie qu'au-delà de 15 ans de détention, vous bénéficiez d'une exonération sur la plus-value à long terme.

8. La récupération de TVA

La récupération de la TVA est identique à la location meublée non professionnelle (*cf.* chapitre 4).

Partie 2

La défiscalisation immobilière

Nous allons maintenant aborder concrètement le thème de la défiscalisation et voir clairement quelles options vous pourriez mettre en place dès demain ! Mais avant toute chose, vous êtes-vous posé la question de pourquoi vous souhaitiez défiscaliser vos revenus ? Je veux dire, vous êtes-vous posé la question réellement ? Si vous pensez que cette question est idiote, je vous invite à prendre quelques instants pour réfléchir sincèrement à ce que vous souhaitez vraiment en vous renseignant sur la défiscalisation.

La première des choses à définir est de comprendre ce que vous cherchez à faire une fois que vos revenus seront défiscalisés. La défiscalisation n'est que la face visible de l'iceberg. Ce qui détermine votre volonté à défiscaliser, c'est de payer moins d'impôts et donc d'avoir plus de pouvoir d'achat. Mais pourquoi ?

Certaines personnes ont envie de défiscaliser car c'est un moyen de protester contre une société qui ponctionne trop leurs revenus durement gagnés. Pour d'autres, il s'agit d'un moyen de préparer leur retraite en mettant leurs impôts au service de la constitution d'un capital. Pour d'autres encore, il s'agit d'un moyen de s'assurer que leurs enfants et petits-enfants auront un héritage conséquent pour leur permettre de se lancer dans la vie. Bref, vous l'aurez compris, il y a autant de raisons de défiscaliser que de visions de l'avenir possibles sur le plan financier. J'ai croisé des clients de tous les horizons, de tous les milieux sociaux, de tous les bords politiques et je peux affirmer que ce qui pousse toutes ces personnes à entreprendre des démarches financières, ce sont souvent des sentiments très forts comme la peur de l'avenir, l'envie de changer de vie, ou encore l'envie d'aider ses proches. Très souvent, lorsqu'une personne me contacte, elle me dit « je vous appelle car je paye trop d'impôts et ce n'est plus possible, il faut m'aider à réduire ma fiscalité, je travaille dur et j'ai l'impression de tout donner au fisc ! ». Je lui réponds alors « que feriez-vous avec l'argent économisé si vous ne payiez plus un centime d'impôts ? ».

C'est à ce moment-là que ces personnes me révèlent la vraie raison de leur venue, que ce soit conscient ou non !

Certains savent très bien ce qui les motive et me répondent alors « avec mes économies d'impôts, je souhaite me constituer un patrimoine immobilier pour parer ma baisse de revenus à la retraite car je n'ai pas envie de changer de train de vie pour mes vieux jours ». Dans ce cas, le client sait ce qu'il veut et ce qui le motive, ce qui me permet d'orienter facilement son projet pour lui permettre d'atteindre ses objectifs.

Mais dans d'autres cas, certains me répondent simplement qu'ils souhaitent défiscaliser car ils se font ponctionner tous les jours alors qu'ils travaillent dur, se lèvent à l'aube pour financer un système qui de toute façon ne leur garantit pas de retraite ou alors pas avant 70 ans et encore... Surtout qu'ils en ont assez de payer pour les autres alors qu'ils n'ont pas beaucoup d'argent et doivent se priver.

Dans ce cas, je lis entre les lignes et en discutant avec eux je me rends compte que bien souvent ces personnes vivent dans la peur. La peur de devoir faire un métier qu'elles n'aiment pas, voire détestent, encore quelques années de plus, alors que la pénibilité de leur tâche quotidienne ne leur rapporte pas assez d'argent. De plus, devoir partager des ressources qu'elles ont eu tant de mal à récolter leur est insupportable.

En réalité, pour ces dernières, défiscaliser ses revenus est un moyen d'œuvrer vers la constitution d'un capital qui leur permettra de ne pas travailler plus que prévu, voire inconsciemment de leur apporter une sécurité financière pour peut-être avoir enfin le courage de changer de métier ou de vie.

Vous l'aurez compris, pour mettre en place une stratégie patrimoniale efficace, vous devez chercher profondément en vous-même ce qui vous motive et la raison qui vous pousse à agir. Peut-être même qu'en réalité, en fonction de vos objectifs, réduire vos impôts ne se révélera pas être une priorité !

Je vais vous donner l'exemple d'un couple de clients à qui j'ai récemment eu affaire. Ces clients m'ont appelé car ils souhaitaient investir dans deux appartements en loi Pinel et ouvrir de nouvelles assurances vie...

D'accord, pourquoi pas, ils ont l'air de savoir ce qu'ils veulent. Mais avant, je vais quand même prendre le temps d'échanger sur leur projet car c'est une demande un peu rare.

Il s'est avéré que ces clients avaient été conseillés par leurs amis qui ne connaissaient pas grand-chose aux placements ni à la défiscalisation et leur avaient dit d'ouvrir des nouvelles assurances vie en unités de compte pour les mettre en gestion dynamique. Ces mêmes amis leur avaient également conseillé d'investir en Pinel et comme mes deux clients étaient assez fortunés, ils se sont mis en tête qu'en acquérir deux serait une meilleure option.

Après avoir échangé avec eux, je me suis rendu compte que leur métier respectif ne leur plaisait absolument pas et que malgré leurs salaires mensuels à cinq chiffres chacun, ils allaient travailler tous les jours en traînant des pieds. Ils ont fini par me confié qu'en réalité ce qu'ils aimeraient au plus profond d'eux-mêmes, ce serait d'arrêter de travailler d'ici quelques années pour prendre leur retraite anticipée et vivre dans leur petite résidence secondaire à la montagne.

Une fois que leurs objectifs étaient clairement définis, j'ai pu les conseiller efficacement. C'est-à-dire que nous avons dressé un bilan complet de leur situation actuelle, de leur épargne, de leur actif immobilier, de leur endettement et, surtout, nous avons listé ensemble les fonds dont ils auraient besoin pour vivre leur retraite faite en partie de rentes immobilière : 35 000 € ! C'est le montant annuel sur lequel nous sommes tombé, par rapport à leurs besoins et leur train de vie. En chiffrant leur objectif, j'ai alors réalisé que s'ils fournissaient un effort financier assez important, couplé à une stratégie patrimoniale immédiate, ils pourraient prendre leur retraite dans sept ans.

Nous avons ainsi placé une partie de leur épargne dans des OPCI générant des loyers non-fiscalisés, nous avons mis en place une opération de déficit foncier pour effacer l'intégralité de leurs impôts et prélèvements sociaux sur leurs revenus fonciers et avons également utilisé la loi Pinel pour leur permettre de pousser un peu plus la défiscalisation. Ils ont acheté un bien en Pinel dans le bassin genévois à un tarif très intéressant qui leur a permis d'effacer un peu plus de 5 500 € d'impôts par an pour se constituer un capital immobilier de 140 000 € en six ans. Nous avons enfin retravaillé l'ensemble de leurs produits bancaires pour les optimiser financièrement et fiscalement et sommes arrivés au bout de nos calculs.

Dans sept ans donc, en revendant leur appartement Pinel, en revendant leur appartement en déficit foncier, en retirant une partie du capital de leurs produits bancaires et en revendant leur résidence principale, ils pourront obtenir un capital total compris entre 680 000 € et 730 000 € (en fonction des variations du marché). Cette somme sera investie dans un immeuble de rapport à rénover ou à décomposer en logement dans une zone géographique stratégique, ce qui leur permettra de bénéficier de revenus fonciers annuels oscillant entre 60 000 € et 73 000 €. Soit un rendement aux alentours des 9 ou 10 %. Ces revenus seront défiscalisés d'impôts pendant plusieurs années et leur permettront de profiter de leur retraite anticipée.

Finalement, nous n'avons suivi qu'une petite partie de la stratégie que les clients souhaitaient mettre en place à la base et heureusement !

En bref, cet exemple illustre bien que ce que vous devez déterminer en priorité ce sont vos objectifs réels. La défiscalisation n'est qu'un moyen, un levier pour atteindre ces objectifs. En lisant cette deuxième partie, vous vous rendrez compte que certains dispositifs semblent plus ou moins adaptés à votre profil. Ces affinités s'expliquent principalement par votre connaissance ou vos expériences (directes ou indirectes) mais également par votre appétence au risque.

Chapitre 6
La loi Pinel

1. Principe et fonctionnement

Origine

Le principe de la loi Pinel est simple. Face à une croissance démographique très importante, il y a en France un manque de logements. Ce manque de logements déséquilibre la demande face à l'offre et rend, aux revenus faibles et moyens, l'accès au logement difficile. Le dispositif Pinel a alors pour objectif de dynamiser la construction de nouveaux logements et de plafonner les loyers pour permettre un accès à la propriété à l'ensemble de la population.

La loi Pinel permet d'obtenir des réductions d'impôts importantes en contrepartie de certaines règles à respecter. Elle est effective depuis septembre 2014 mais son concept n'est pas nouveau. Il s'agit de la continuité de lois l'ayant précédées (loi Duflot, loi Scellier, loi Robien, etc.).

Zonage géographique

En termes de manque de logements, le territoire français n'est pas égal. Entre le centre de Paris et les communes limitrophes, la Côte d'azur et le bassin genevois, la demande n'est évidemment pas la même que dans des régions rurales comme la Haute-Saône, la Creuse ou encore le Larzac. Ainsi, le gouvernement a décomposé le territoire en plusieurs zones distinctes. La zone A bis, la zone A, la zone B1, la zone B2 et la zone C. Il est très important de noter que jusqu'en 2018 la zone B2 était éligible à la loi Pinel, ce qui n'est désormais plus le cas. Nous y reviendrons par la suite mais c'est une excellente nouvelle pour vous, potentiels futurs investisseurs :

- la zone A bis inclut Paris et 76 communes limitrophes. C'est la pire zone de France en termes de déséquilibre entre l'offre et la demande ;
- la zone A concerne l'Ile-de-France (hors communes en zone A bis), la Côte d'azur, Lille, Lyon, Marseille, Montpellier et la partie française de l'agglomération genevoise ;
- la zone B1 concerne la totalité des métropoles de plus de 250 000 habitants, la grande couronne parisienne et quelques villes où les prix de l'immobilier sont élevés (Bayonne, Saint-Malo, Annecy, Chambéry, la Corse, les DROM, etc.) ;
- la zone B2 concerne les villes de plus de 50 000 habitants et certaines ayant obtenues une dérogation spéciale ;
- la zone C concerne le reste du territoire.

Zonage géographique de la loi Pinel

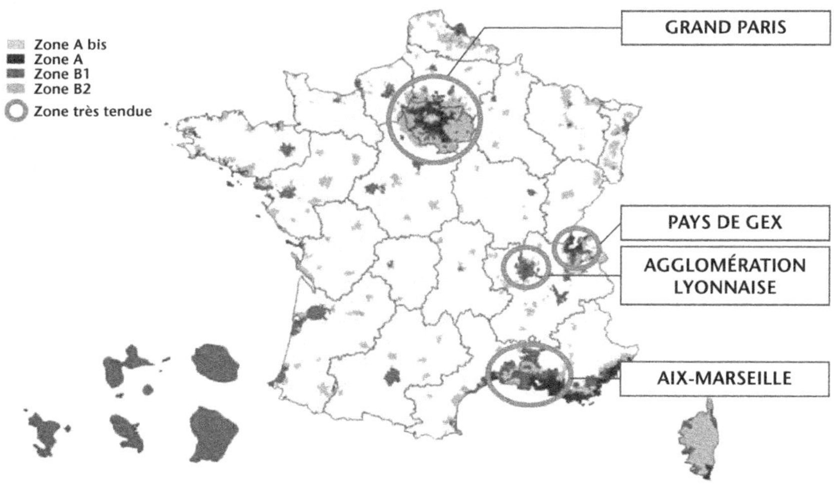

Source : www.loi-pinel-info.org

Les logements concernés

Contrairement aux idées reçues, la loi Pinel ne concerne pas uniquement la construction de logements neufs mais aussi ceux construits selon toutes les conditions suivantes :

- logement Pinel acheté neuf ou en l'état futur d'achèvement (VEFA). C'est sous cette forme que se vendent 99 % des produits

Pinel et donc la forme à laquelle nous allons exclusivement nous intéresser ;

- logement Pinel acquis inachevé ;
- logement Pinel construit à ses frais ;
- local transformé en logement Pinel ;
- local Pinel acquis en vue de sa réhabilitation ;
- autres situations exceptionnelles.

Le principe fiscal

Acheter un logement éligible à la loi Pinel permet de bénéficier d'une réduction d'impôts. Cette réduction est de 2 % du prix de revient du bien pendant une période déterminée.

À noter

Le prix de revient du bien correspond à la somme des différentes charges financières essentielles à l'acquisition et à la mise en fonction d'un logement.

Nous allons ici nous intéresser uniquement au cas d'un logement Pinel acheté neuf ou en l'état futur d'achèvement. Il y a 99 % de chances que vous achetiez votre logement Pinel sous cette forme. Dès lors, le prix de revient du bien utilisé pour calculer votre réduction d'impôts est : le prix d'acquisition + les frais annexes (frais de notaire, commissions diverses).

Mon conseil

Les commissions existent ou non en fonction du professionnel avec qui vous l'achetez. En ce qui me concerne, lorsque je vends des programmes Pinel, les clients ne payent aucune commission et ma rémunération vient directement du promoteur. Cela signifie que mes clients ne payent pas plus cher en l'achetant avec moi qu'en l'achetant directement au promoteur.

Lorsque vous achetez un logement neuf ou en VEFA (vente en l'état futur d'achèvement), les frais de notaire sont en moyenne de 2,5 %. Ainsi, si vous achetez un logement Pinel pour la somme de 195 000 €, vous aurez environ 5 000 € de frais de notaire ce qui vous donnera un coût de revient de 200 000 €. Votre réduction d'impôts sera donc : 200 000 × 0,02 = 4 000 € par an.

2. Les conditions obligatoires et le cadre légal

Pour avoir le droit à cette fameuse réduction Pinel et conserver l'avantage fiscal durant toute la durée légale prévue vous devez respecter un ensemble de règles.

La localisation du logement

Comme nous l'avons vu précédemment, le logement doit se trouver dans l'une des zones territoriales déterminée par l'État. Depuis 2018, les zones éligibles au dispositif Pinel sont uniquement la zone A bis, la zone A et la zone B1. Si vous achetez un programme en Pinel, il est évident que le logement sera construit dans une zone éligible. En revanche, les différentes zones ont un impact sur certaines des règles qui vont suivre comme le plafond de loyer ou les revenus des locataires et vous impacteront donc directement.

Le niveau de performance énergétique

Le logement qui va être construit doit absolument respecter la norme RT 2012 et les dernières normes environnementales. Vous n'avez pas à vous en préoccuper, c'est au promoteur de faire le nécessaire.

La location après l'achèvement des travaux

La loi prévoit un délai d'un an pour louer votre logement après l'achèvement des travaux. L'achèvement des travaux commence le jour ou le promoteur dépose le DAT (date d'achèvement des travaux) ou DAACT (déclaration d'achèvement et de conformité des travaux) en mairie.

Pour beaucoup d'investisseurs, les logements qu'ils acquièrent en Pinel sont situés loin de chez eux et ils font donc appel à une agence immobilière pour le gérer. Si ce n'est pas votre cas et que vous gérez vous-même votre logement Pinel le délai d'un an est très large. Les logements Pinel sont des logements neufs et souvent très modernes et design avec des loyers plafonnés. Je n'ai jamais entendu parler d'un propriétaire qui n'aurait pas réussi à louer son logement un an après l'achèvement des travaux en mettant en place les actions nécessaires. Souvent dans le cadre d'appartement Pinel, la demande est si forte que les bailleurs ou les agences ont le luxe de faire choisir les futurs locataires parmi des dizaines de dossiers.

La durée d'engagement

La réduction d'impôts Pinel dure 6, 9 ou 12 ans. C'est-à-dire que de la première année à la neuvième année la réduction est de 2 % du prix de revient du bien. De la neuvième à la douzième année la réduction d'impôts n'est plus que de 1 % du prix de revient du bien.

Durée	Réduction d'impôts
0 à 6 ans	2 % (Prix de revient)
6 à 9 ans	2 % (Prix de revient)
9 à 12 ans	1 % (Prix de revient)

Mon conseil

Si votre situation financière est stable ou croissante, il est conseillé de conserver votre logement Pinel au moins 9 ans. Une fois arrivé à la 8ᵉ année (soit 1 an avant l'échéance de la fin d'engagement), pensez à faire un point avec votre CGP pour évaluer la pertinence de revente ou de conservation de votre bien Pinel. Il est alors souvent judicieux de revendre le bien et remettre en place un nouveau dispositif de défiscalisation plutôt que de conserver le bien avec 1 % de réduction d'impôts de la 9ᵉ à la 12ᵉ année.

La durée d'engagement correspond à la durée sur laquelle vous vous engagez à louer votre bien Pinel en respectant les conditions obligatoires. La durée d'engagement de votre réduction Pinel n'est pas automatique, il s'agit d'un engagement que vous devez prendre à l'aide du document 2044 EB que vous devrez transmettre aux fisc l'année qui suit celle de l'achèvement. Vous devrez également fournir le formulaire 2042-C, document qui formalise l'investissement. Si vous trouvez cela compliqué, n'ayez crainte, votre CGP pourra vous aider à déclarer toutes les formalités administratives. En réalité ce n'est pas compliqué à faire, il suffit de le savoir.

Dans le principe, vous pouvez donc choisir de vous engager sur une durée de 6 ou 9 ans. Mais vous devez savoir que votre choix pourra aussi être reconduit : cela signifie que vous pouvez tout à fait vous engager sur 6 ans et si vous souhaitez prolonger la réduction Pinel à l'issue de cette période, demander une prolongation de 3 ans. À l'issue des 9 ans, vous pouvez à nouveau demander une prolongation de 3 ans pour atteindre les 12 ans.

Mon conseil

Étant donné que vous ne savez pas ce qu'il peut se passer d'ici 6 ans, je vous invite bien évidemment à vous engager sur 6 ans dans un premier temps et de reconduire l'engagement si votre situation fiscale y est toujours favorable. L'engagement est une option irrévocable.

Seuls certains cas de force majeure permettent la rupture de la durée d'engagement comme :

- *le décès du propriétaire ;*
- *l'accident ou la maladie entraînant une invalidité du propriétaire ;*
- *le licenciement du propriétaire.*

Si vous rompez l'engagement Pinel avant la fin de la durée légale, le fisc vous demandera de rembourser intégralement les avantages fiscaux perçus au cours des dernières années.

Les revenus annuels des locataires

Le dispositif Pinel prévoit un plafond de revenus annuels des personnes auxquelles vous pouvez louer votre bien.

Ressources annuelles maximum (dernier revenu fiscal de référence) en fonction de la zone géographique

Composition du foyer fiscal	Zone A bis	Zone A	Zone B1
Personne seule	38 465 €	38 465 €	31 352 €
Couple	57 489 €	57 489 €	41 868 €
+ 1 personne à charge	75 361 €	69 105 €	50 349 €
+ 2 personnes à charge	89 976 €	82 776 €	60 783 €
+ 3 personnes à charge	107 053 €	97 991 €	71 504 €
+ 4 personnes à charge	120 463 €	110 271 €	80 854 €
Majoration par personne à charge supplémentaire	13 421 €	12 286 €	8 089 €

Mon conseil

Vous pouvez tout à fait louer votre appartement en Pinel à l'un de vos proches comme vos enfants ou même un parent à condition qu'il n'appartienne pas à votre foyer fiscal. Il est également interdit de demander des APL lorsqu'un enfant loue un appartement Pinel à ses parents ou lorsqu'un parent loue un appartement Pinel à ses enfants.

Concernant les revenus des locataires, vous devez prendre en compte leur dernier avis fiscal de référence. C'est-à-dire que si la personne à qui vous comptez louer le bien à des revenus inférieurs au plafond sur son avis d'imposition, alors vous pouvez lui louer même si aujourd'hui elle déclare gagner plus que le plafond des ressources.

Si vous mettez votre bien en agence, ce sera le rôle de l'agence de vérifier les revenus fiscaux des locataires.

Le plafond de loyer mensuel au m²

Le plafond de loyer mensuel au m² est l'une des conditions les plus importantes lors de l'acquisition d'un logement Pinel car c'est ce qui déterminera votre rentabilité.

Le dispositif prévoit un plafond différent en fonction des zones.

Plafond de loyer mensuel par m², charges non comprises, pour les baux conclus en métropole (2021)

Localisation du logement	Plafonds mensuels de loyer au m²
Zone A bis	17,55 €
Zone A	13,04 €
Zone B1	10,51 €

L'investissement maximum en Pinel

La loi Pinel ne vous permet pas de bénéficier de réductions d'impôts illimitées puisqu'en réalité cette loi est soumise au plafonnement des niches fiscales de 10 000 €.

La loi prévoit également que la réduction d'impôts en Pinel ne peut être supérieure à 6 000 € par an. Cela signifie que si vous achetez un appartement Pinel d'une valeur de 400 000 € en prix de revient, la réduction d'impôts ne portera que sur les premiers 300 000 € et donc vous générera une réduction d'impôts de 6 000 € maximum.

En revanche, pour bénéficier du plafond du Pinel et utiliser les 10 000 € maximum de réduction, vous devez acheter un autre bien Pinel sur une autre année fiscale.

En d'autres termes, si vous avez 10 000 € d'impôts et que vous souhaitez les effacer avec le dispositif Pinel, vous devrez acheter un bien Pinel d'une valeur de 300 000 € (en prix de revient) en année N, puis un bien d'une valeur de 200 000 € (en prix de revient) en année N+1.

Les autres points importants de la loi Pinel

Voici quelques autres points importants concernant la loi Pinel :

- il doit s'agir impérativement de la résidence principale (RP) du locataire ;
- la sous-location par le locataire est interdite ;
- les surfaces annexes du logement (terrasse, jardin, etc.) comptent pour ½ m^2 dans la limite de 8 m^2 retenus maximum.

Je vous donne toutes ces informations à titre informatif pour que vous soyez bien renseignés sur la loi Pinel, mais sachez que dans la plupart des cas toutes les informations vous seront communiquées au départ par votre CGP ou le promoteur, puis par l'agence si vous en mandaté une.

3. La fiscalité

À noter
Cette partie sur la fiscalité est importante car son fonctionnement est général et s'applique à la loi Pinel mais également à tous les investissements réalisés en nom propre (ou en SCI à l'IR) sur des logements donnés à la location nue. Vous pouvez vous référer à cette partie pour comprendre l'imposition des revenus fonciers nus et la gestion des charges deductibles, de même que la gestion et le report du déficit foncier.

La loi Pinel et le prélèvement à la source

Nous avons vu précédemment les réductions d'impôts que vous pouvez escompter avec un investissement Pinel. Mais vous pouvez être amené à vous demander comment cette réduction d'impôts s'articule et fonctionne, notamment avec le prélèvement à la source (PAS), dans la pratique.

Avec le prélèvement à la source, vos impôts sont prélevés automatiquement chaque mois sur votre salaire si vous êtes salarié ou sur votre compte bancaire si vous êtes indépendant.

La réduction Pinel ne viendra pas diminuer votre PAS mais vos impôts vous seront remboursés par le fisc deux fois par an.

Prenons l'exemple d'une personne payant 3 000 € d'impôts annuel, nous l'appellerons Madame Azerty. Madame Azerty a acquis un bien Pinel d'une valeur en prix de revient de 150 000 €. Ce bien lui offre une réduction d'impôts de 3 000 € par an. Cela lui permet donc de devenir non imposable. Cependant, chaque mois Madame Azerty est prélevée à la source sur son salaire de 250 € d'impôts.

La réduction Pinel prend effet l'année de l'achèvement des travaux. Ainsi, si cette personne a acheté un bien achevé en 2020, elle le déclarera en avril 2021 (période de déclaration des impôts) et signalera au fisc qu'elle a acquis un bien Pinel achevé en 2020 – qu'elle a, par conséquent, le droit à une réduction d'impôts.

Le fisc recevra sa déclaration informatiquement en avril mais mettra quelques mois à la traiter. Dès lors, aux alentours du mois d'août/septembre, le fisc remboursera par chèque Madame Azerty pour son Pinel sur l'année 2020. Elle recevra donc un chèque de 3 000 € en août 2021.

Étant donné que le fisc sait que les investissements Pinel durent *a minima* 6 ans, il versera en début d'année 2022 à Madame Azerty 60 % de sa réduction d'impôts Pinel (soit 1 800 €) et versera les 40 % restants au mois d'août 2022 (soit 1 200 €). Et cela toutes les années jusqu'en 2026 inclus, année à laquelle Madame Azerty pourra terminer ou prolonger son engagement Pinel. Pendant toutes ces années, elle continuera à être prélevée tous les mois 250 € sur son salaire, soit 3 000 € annuel.

Pour résumer : la réduction Pinel n'efface pas le PAS.

Votre investissement Pinel vous rajoute de l'impôt !

Saviez-vous que vos investissements Pinel diminuent votre impôt, mais vous en rajoutent au bout d'un certain temps ?

Si l'on reprend l'exemple précédent de Madame Azerty et que l'on admet qu'elle est célibataire et sans enfant, nous savons qu'elle paye 3 000 € d'impôts chaque année. Cela correspond à un revenu imposable de 29 942 € (32 936 – 10 % de forfait pour frais professionnels = 29 942 €). Madame Azerty a donc 3 000 € d'impôts annuels et se situe dans une tranche marginale d'imposition (TMI) à 30 %.

Maintenant, admettons que son logement Pinel se loue pour 400 € hors charges (HC). Cela lui donne un revenu foncier annuel de 4 800 €. Les revenus fonciers issus des locations nues (c'est-à-dire non meublées) sont considérés comme des revenus professionnels au même titre que vos salaires.

On pourrait ainsi se dire que Madame Azerty va passer de 32 936 € de revenus annuels à 37 736 € (32 936 € + 4 800 € de loyers HC perçus). Or, ce n'est pas tout à fait ça. Lorsque vous louez un appartement en location nue, vous avez le droit de déduire des charges à vos revenus fonciers.

Avant de voir toutes les charges déductibles, vous devez savoir qu'il y a des charges exceptionnelles que vous ne pourrez déduire qu'une fois l'année de votre acquisition, comme :

- les frais de courtage (si vous avez recours à un courtier). Attention, aucun texte officiel de loi n'indique que les frais de courtage sont déductibles de vos charges mais il n'y a pas de redressement fiscal si vous décidez de les déduire. Il y a sur la question une sorte de vide juridique. Je vous recommande ainsi de les déduire ;
- les frais de constitution du dossier bancaire (si vous avez recours à un prêt bancaire) ;
- les frais de garantie (caution, hypothèque, privilège de prêteur de deniers) ;
- les frais de cautionnement.

Tous ces frais réunis peuvent représenter une somme importante sur la déclaration de l'année 2020. Admettons que pour Madame Azerty ces trois types de frais représentent un total de 5 000 €. Si le bien de Madame Azerty a été achevé en octobre 2020 et que son locataire est rentré en décembre 2020, elle n'aura finalement perçu sur l'année 2020 qu'un seul mois de loyer, soit 400 €.

Mais attention, les charges exceptionnelles citées précédemment font partie des charges d'intérêts d'emprunt. C'est-à-dire que sur votre déclaration d'impôts, dans le formulaire 2044 qui sert à déclarer vos revenus fonciers, vous allez avoir plusieurs lignes. Une ligne pour chaque type de charge. Les charges exceptionnelles que l'on vient de voir doivent donc être intégrées aux intérêts d'emprunt (ligne 250) :

Ligne 250 de la déclaration 2044 (revenus fonciers)

250 Intérêts d'emprunt (remplir également la rubrique 410)			

Dans cette ligne d'intérêts d'emprunt, il y a ainsi les charges ponctuelles citées précédemment mais aussi des charges récurrentes qui reviennent chaque année, comme :

- les intérêts du crédit sur le capital ;
- l'assurance du crédit destinée à garantir le remboursement du prêt ;
- l'assurance décès emprunteur.

La particularité des charges d'intérêts d'emprunt est simple. Vous ne pouvez les imputer que sur vos revenus fonciers ! C'est-à-dire que ces charges gomment uniquement vos revenus fonciers. Si par exemple vous avez 1 000 € de revenus fonciers et 30 000 € de salaire et que vos charges « intérêts d'emprunt » sont de 2 000 €, vous pourrez effacer vos 1 000 € de revenus fonciers et les 1 000 € restants seront mis en réserve.

Avant de procéder au calcul final des impôts de Madame Azerty, je tenais à faire une petite précision sur le crédit. Lorsque vous ferez un achat en Pinel, dans la plupart des cas, vous allez acquérir un bien en VEFA (vente en l'état futur d'achèvement). C'est-à-dire que votre bien n'est pas encore construit et ne sera peut-être terminé que dans un ou deux ans. Or, lorsque vous achèterez votre bien et que vous aurez obtenu votre prêt bancaire, le promoteur fera des appels successifs de fonds au fur et à mesure de la construction. Votre banque débloquera ainsi directement au promoteur les sommes demandées.

À ce moment-là il existe plusieurs options :

- option 1 : vous avez un différé partiel. Cela signifie que vous payez les intérêts sur les sommes débloquées. Par exemple, vous débloquez 100 000 € de travaux donc vous commencez à payer tous les mois environ 80 €. Lorsque vous débloquerez 50 000 € de plus, vous payerez 120 € et ce, jusqu'à l'achèvement du logement ou vous commencerez à rembourser le capital ;
- option 2 : vous avez un différé total. Vous ne payez pas d'intérêts pendant toute la durée fixée par la banque. Si vous avez négocié un différé total de 24 mois, alors vous commencerez à rembourser le capital ainsi que les intérêts au bout de deux ans. Il n'est malheureusement pas toujours possible de négocier un différé total. Cela dépend de votre banque.

Dans notre exemple, nous allons admettre que Madame Azerty à un différé partiel jusqu'au 31/12/2020. Ainsi, durant l'année 2020, elle a débloqué les sommes demandées au fur et à mesure par le promoteur. Disons qu'elle a payé en moyenne 150 € d'intérêts d'emprunt et d'ADI (assurance du crédit) par mois, soit 1 800 € sur l'année 2020. De fait, sur sa déclaration, ces 1 800 € viendront s'ajouter aux 5 000 € de bases occasionnées par les charges exceptionnelles liées à la constitution de son crédit (frais de courtage, hypothèque, frais de dossier et frais de cautionnement). Sur sa ligne 250, Madame Azerty reportera un total de 6 800 €.

Nous savons également que Madame Azerty a perçu 400 € de loyer en 2020 (uniquement un mois de loyer en décembre). Le fisc va donc prendre les 6 800 € pour gommer ses 400 € de revenus fonciers. Par conséquent, si vous regardez aujourd'hui l'avis d'impôt de Madame Azerty, il y aura écrit dans la case « Revenus fonciers 2020 » : 0 € !

Vous vous demandez alors que sont devenus les 6 400 € de charges restantes... Eh bien, ils sont tout simplement mis en réserve pour les années suivantes. C'est-à-dire que si l'année prochaine Madame Azerty perçoit 4 800 € de loyers pour seulement 2 800 € de charges, elle pourra utiliser cette enveloppe de 6 400 € pour effacer les 2 000 € de loyers restants. Son enveloppe ne sera donc plus que de 4 400 €. Cette fameuse enveloppe de charges mises en réserve peut être utilisée pendant 10 ans maximum.

La liste des charges que nous venons de voir concernait les charges dites « intérêts d'emprunt », soit des charges liées à l'emprunt bancaire. Or, dans le cadre de l'exploitation d'un bien immobilier, ce ne sont évidemment pas les seules charges.

Voici la liste des autres charges déductibles :

- l'assurance de son logement Pinel (assurance appelée propriétaire non occupant – PNO) ;
- les frais de gestion de l'agence ;
- les frais de garantie de l'agence (comme l'assurance loyers impayés ou encore l'assurance anti-dégradation) ;
- les charges de copropriété ;
- les frais de travaux et de réparation (s'il y en a) ;
- la taxe foncière (en Pinel, vous n'avez généralement pas de taxe foncière la première année) ;
- les frais pour gestion d'un bien immobilier de 20 € (montant fixe déterminé par l'État).

La liste englobe un certain nombre de charges. Mais en quoi ces charges sont différentes des charges « intérêts d'emprunt » que nous venons de voir ? La réponse est simple : si ces charges sont supérieures aux revenus fonciers, elles peuvent s'imputer sur votre revenu global. Autrement dit, si vos charges vous permettent de gommer tous vos revenus fonciers, alors l'excédent des charges viendra réduire votre revenu imposable.

■ Exemple

Monsieur Qwerty déclare 100 000 € de salaire annuel et 5 000 € de revenus fonciers. Sur l'année N, Monsieur Qwerty a plusieurs charges.

- Intérêts d'emprunt :
  - intérêts d'emprunt : 2 700 € ;
  - ADI (Assurance du crédit) : 400 €.

  Soit un total de 3 100 €.

- Autres frais et charges déductibles :
  - taxe foncière : 600 € ;
  - charges de copropriétés : 600 € ;
  - assurance PNO : 100 € ;
  - frais pour gestion d'un bien immobilier : 20 € ;
  - travaux dans son appartement (admettons que Monsieur Qwerty ait changer la porte d'entrée et refait un peu de peinture) : 1 200 €.

  Soit un total de 2 520 €.

Ainsi, lors de sa déclaration d'impôts, Monsieur Qwerty déclarera 5 000 € de recettes sur son formulaire 2044. Cela signifiera qu'il a perçu 5 000 € de revenus fonciers.

Monsieur Qwerty déclare ensuite 3 100 € d'intérêts d'emprunt. Concrètement, ses intérêts d'emprunt vont effacer 3 100 € de revenus fonciers. Cela signifie que ses revenus fonciers ne seront plus que de 1 900 €.

Puis, il déclare ses 2 520 € de charges. Il va ainsi faire tomber ses revenus fonciers à 0 € et aura une réserve de 620 € (2 520 – 1 900 = 620 €). Ces 620 € viendront réduire son revenu global, soit son revenu imposable lié à ses salaires.

Dès lors, le fisc considérera que Monsieur Qwerty ne paie pas d'impôt sur le revenu sur une base de 100 000 € mais sur 100 000 – 620 de charges déductibles supplémentaires, soit 99 380 €. Cela signifie que Monsieur Qwerty qui est célibataire et sans enfant et qui aurait dû payer un impôt de 26 947 € en étant taxé sur 100 000 € ne paiera finalement que 26 692 € d'impôts. En réduisant son revenu imposable de 620 €, sachant qu'il est dans une tranche marginale d'imposition à 41 %, soit 620 × 0,41 = 254,20 €, Monsieur Qwerty a réduit son impôt de 254,20 €.

Si vous comprenez ce principe que l'on appelle déficit foncier, c'est-à-dire le fait d'avoir plus d'intérêts d'emprunt et de charges que de revenus fonciers, alors vous générez un résultat foncier négatif, que l'on appelle le déficit foncier ! Retenez bien ce principe car cela vous servira par la suite et c'est l'une des règles de la défiscalisation les plus importantes en France.

Le point de cette partie s'appelle « Votre investissement Pinel vous rajoute de l'impôt » mais jusqu'à présent nous n'avons vu *uniquement* la diminution de l'impôt par l'investissement Pinel. Vous devez vous demander à quel moment votre investissement Pinel vous rajoute de l'impôt ?

Comme nous l'avons vu, parmi les différentes charges déductibles, certaines sont uniques (notamment les charges dites « intérêts d'emprunt ») et d'autres récurrentes, comme les charges d'exploitation. Nous avons également vu dans les différents exemples que la première année il était courant de constituer une enveloppe de déficit qui a pour but d'effacer vos revenus fonciers sur les années suivantes. Ainsi, les premières années, vos loyers sont intégralement ou en partie gommés par vos charges déductibles mais plus le temps passe, moins vous avez de charges déductibles. Et cela pour une bonne raison : lorsque vous souscrivez à un crédit amortissable, vous rembourserez les premières années plus d'intérêts que de capital. Plus les années passeront moins vous rembourserez de capital et moins vous rembourserez d'intérêts. Cela signifie donc que vos loyers issus du Pinel peuvent vous rajouter un peu d'impôts.

Prenons l'exemple de Christophe, un cadre célibataire sans enfant qui paye 4 000 € d'impôts sur le revenu à l'année. Il a investi dans un Pinel d'une valeur en prix de revient de 150 000 € lui générant une réduction d'impôts de 3 000 € par an.

C'est la 4e année que Christophe a son Pinel et il perçoit de son appartement Pinel 5 000 € de loyers à l'année.

Christophe déclare lors de sa déclaration d'impôts ses charges déductibles.

- Intérêts d'emprunt :
  - intérêts liés au crédit immobilier : 1 200 € ;
  - assurance liée au crédit immobilier : 200 €.
- Autres charges déductibles :
  - frais d'agence : 600 € ;
  - taxe foncière : 400 € ;
  - charges de copropriété : 400 €.

Si l'on prend les 5 000 € de loyers et que l'on soustrait les 1 400 € de charges liées aux intérêts d'emprunt, il ne reste plus que 3 600 € de loyers imposables. Puis nous déduisons par la suite les autres charges déductibles d'une valeur de 1 400 € également. Il reste alors 2 400 € de loyers imposables.

Or, notre investisseur, Christophe, est dans une tranche marginale d'impôts de 30 %. Cela signifie que le fisc lui demandera 30 % d'impôts sur les loyers imposables : 2 400 × 30 % = 720 €. Mais également de payer les prélèvements sociaux sur ses loyers imposables soit 2 400 × 17,2 % = 412,80 €.

Ainsi, la fiscalité de Christophe sera de 4 000 € (impôts sur le revenu) – 3 000 € (réduction Pinel) + 720 € (impôts sur les revenus fonciers) = 1 720 € d'impôts.

Cependant, Christophe doit aussi régler ses prélèvements sociaux, soit régler au fisc 412,80 € en plus de ses 1 720 € d'impôts pour un total de 2 132,80 €.

Plus les années passent, moins Christophe rembourse d'intérêts d'emprunt et plus ses charges déductibles sont faibles et donc son imposition augmente.

La fiscalité des revenus fonciers

La fiscalité des revenus fonciers est essentielle pour comprendre l'importance de bien gérer et le système des charges déductibles.

En réalité, comme nous l'avons vu précédemment, les revenus fonciers ont une double imposition :

- taxation au taux de votre tranche marginale d'imposition (11 %, 30 %, 41 %, 45 %) ;
- taxation au taux des prélèvements sociaux : 17,2 % (CSG + CRDS).

■ La taxation au taux de la tranche marginale d'imposition (TMI)

Vous l'aurez compris, vos revenus fonciers ne sont pas taxés sur ce que vous percevez mais bel et bien après déduction des charges déductibles.

Revenus fonciers bruts	10 000 €
Intérêts d'emprunt	2 000 €
Charges déductibles	2 400 €
Revenus fonciers nets	= 5 600 €

Ainsi, dans notre exemple, la taxation portera sur le montant de 5 600 €. Si l'on prend l'exemple d'un couple qui se trouve dans une TMI à 30 %, l'impôt calculé sera 5 600 × 30 % = 1 680 €.

■ La taxation au taux des prélèvements sociaux

Sur ces revenus imposables, vous devrez également vous acquitter des prélèvements sociaux, ce qui correspond à 5 600 × 17,2 % = 963,20 €, soit un total de 2 643,20 €.

Comme vous pouvez le constater, les impôts sont forts sur les revenus fonciers ! C'est pourquoi il est très important de ne jamais oublier de déclarer des charges déductibles car cela peut vite vous coûter cher.

4. Le rendement

Le rendement d'une opération immobilière se calcule de plusieurs manières possibles.

On entend souvent dire que le rendement dans un investissement Pinel est compris entre 3 et 4 %. Mais pour calculer le rendement brut d'une opération immobilière, il faut prendre le loyer annuel et le diviser par le prix du logement, puis multiplier le résultat par cent. Dans l'exemple de Madame Azerty, nous ferions : (4 800/145 000) × 100 = 3,31 %.

Nous sommes alors dans la moyenne du rendement moyen en Pinel. Or, dans le cadre d'un investissement défiscalisant, il faut également rajouter aux revenus la réduction d'impôts qui est un gain. Ainsi cela donne : (4 800 + 3 000)/145 000)) × 100 = 5,37 %. C'est déjà mieux !

Mais pour bien comprendre ce que vous rapportera et vous coûtera un investissement en Pinel, il faut aussi lister les charges et recettes d'un tel investissement.

Concernant les charges :

- crédit immobilier (capital + intérêts + assurance du crédit) ;
- taxe foncière ;
- charges de copropriété ;
- gestion du bien (uniquement si agence immobilière) ;
- assurance et garanties locatives (uniquement si agence immobilière) ;
- assurance PNO (propriétaire non occupant).

Concernant les recettes :

- loyers ;
- réduction d'impôts (sous forme de remboursement par le fisc).

Lorsque vous souhaitez souscrire à un investissement Pinel, on vous demandera quasi systématiquement votre effort d'épargne mensuel. C'est-à-dire, de combien d'euros êtes-vous prêts à vous priver chaque mois pour financer votre investissement Pinel. Pourquoi ? Tout simplement parce qu'à cause du loyer plafonné en Pinel, vos recettes sont souvent inférieures à vos charges et vous êtes alors obligé de mettre chaque mois de l'argent de votre poche pour combler le déficit.

Il est extrêmement rare qu'un investissement Pinel arrive à s'autofinancer. C'est souvent le point et l'aspect le plus critiqué lorsqu'il s'agit d'investissements car en ayant des recettes inférieures aux charges, vous devez mettre un effort d'épargne mensuel et cet effort entrave votre capacité d'endettement. Un investissement Pinel diminue votre capacité d'emprunt. Cela n'est cependant pas gênant si vos revenus sont conséquents ou si votre objectif n'est pas d'investir toujours plus mais simplement de défiscaliser vos impôts en vous constituant un capital à moyen terme (entre 6 à 10 ans).

Voici une simulation d'un investissement Pinel pour que vous puissiez mieux comprendre le fonctionnement.

Simulation 1 d'un investissement Pinel pour Madame Azerty

Revenus et fiscalités	
Revenu brut imposable	35 000 €
Revenu foncier net	0 €
Déduction du revenu	2 994 €
Réductions d'impôt	0 €
Tranche marginale d'imposition	30 %
Impôt avant opération (1 part)	2 988 €
Impôt après opération	285 €
CSG/CRDS avant/après opération	–/–

Support immobilier	
Prix d'achat	131 900 €
Revalorisation du bien	1 %/an
Prix de revient (frais 3 298 €)	135 198 €
Loyer mensuel HC	400 €
Revalorisation des loyers	0 %/an
Typologie/Surface	T1 de 27,7 m^2
Zone locative et durée	B1 sur 6 ans
Livraison prévisionnelle	T4 / 2021
Début de la location	Avril 2022

Environnement financier	
Fonds de roulement initial	0 €
Apport dans le prêt	0 €
Garantie et frais de dossier	2 638 €
Total des frais financés	5 936 €
Montant de l'emprunt	137 836 €
Prêt amortissable sur	20 ans
Taux (ADI en sus de 0,3 %/an)	1,3 %
Intérêts intercalaires sur 5 mois	90 €/mois
Échéance/ADI par mois	652,52 €/41,45 €

FISCAL		
	Réduction Pinel	**Bilan foncier**
2021	0 €	0 €
2022	2 704 €	0 €
2023	2 704 €	–810 €
2024	2 704 €	–561 €
2025	2 704 €	1 641 €
2026	2 704 €	1 723 €
2027	2 704 €	1 806 €
TOTAL : 13 688 €		

RECETTES		
	Gain fiscal réinvesti	**Loyer HC**
2021	0 €	0 €
2022	2 703 €	3 600 €
2023	2 988 €	4 800 €
2024	2 988 €	4 800 €
2025	1 719 €	4 800 €
2026	1 670 €	4 800 €
2027	1 620 €	4 800 €
TOTAL : 41 288 €		

DÉPENSES					
	Remboursement prêt	**CRD**	**Taxe foncière 8 %**	**Charges copro. 5 %**	**Gestion 7 % et assurances 2,5 %**
2021	1 349 €	136 829 €	0 €	0 €	0 €
2022	8 326 €	130 741 €	288 €	180 €	342 €
2023	8 326 €	124 574 €	384 €	240 €	456 €
2024	8 326 €	118 326 €	384 €	240 €	456 €
2025	8 326 €	111 997 €	384 €	240 €	456 €
2026	8 326 €	105 584 €	384 €	240 €	456 €
2027	8 326 €	99 088 €	384 €	240 €	456 €
TOTAL : 57 517 €					

TRÉSORERIE			
	Besoin annuel de trésorerie	**Fonds de roulement**	**Épargne mensuelle**
2021	1 349 €	871 €	**222 €**
2022	2 833 €	702 €	**222 €**
2023	1 618 €	1 748 €	**222 €**
2024	1 618 €	2 793 €	**222 €**
2025	2 887 €	2 570 €	**222 €**
2026	2 936 €	2 297 €	**222 €**
2027	2 986 €	1 975 €	**222 €**
ÉPARGNE MENSUELLE TOTALE : 18 204 €			

BILAN DE L'OPÉRATION SUR 7 ANS	
Gain fiscal réinvesti (dont CGS-CRDS)	13 688 €
Loyers encaissés	28 400 €
Épargne investie	18 204 €
RENDEMENT DE L'OPÉRATION SUR 7 ANS	
Épargne mensuelle dès mars 2021	222 €
Prix de revente estimatif	140 015 €
Capital restant dû	99 088 €
Capital constitué avant impôts	40 926 €
Rendement annuel moyen fiscalité incluse	25,6 %

Source : FORSIS, 2021.

Les tableaux ci-dessus sont extraits d'un simulateur professionnel. Ce simulateur prend en compte l'ensemble des critères (à l'exception de l'assurance PNO, mais il s'agit d'une charge minime souvent inférieure à 15 € par mois). Le simulateur calcule ainsi l'effort d'épargne moyen à mettre dans le projet tous les mois durant toute la durée du projet. Dans le cas de cette simulation, Madame Azerty devra mettre de sa poche 222 € par mois pendant toute la durée d'engagement en Pinel.

En réalité, comme nous l'avons vu auparavant, les charges ne sont pas fixes chaque année et varient. Si l'on prend l'exemple de cette simulation, le projet devrait être livré début 2022 et la location prendre effet à partir d'avril 2022. Il n'y aura donc pas besoin du même effort d'épargne en 2022 qu'en 2023 et ainsi de suite. De plus, comme nous l'avons vu dans la partie fiscalité, les premières années les charges déductibles sont plus importantes que les dernières années de détention. Pour simplifier la vision et surtout la gestion du projet, le simulateur établit automatiquement l'effort d'épargne mensuel à fournir pour ne jamais être en déficit ou avoir des coûts imprévus. On sait que le projet coûtera, dans le cas échéant, 222 € d'effort d'épargne mensuel sur toute la durée de détention du projet. C'est plus simple pour se projeter que de devoir mettre 100 € en 2022 et 320 € en 2026.

Pour simplifier la compréhension, je n'ai mis aucune augmentation annuelle du loyer. En réalité, le loyer augmente chaque année grâce à l'indice de référence des loyers (IRL). Lorsque votre bien est géré par une agence, vous n'avez pas à vous en occuper, l'agence applique automatiquement l'augmentation annuelle légale des loyers.

Or, ce qui, en tant que client, vous importe, c'est de savoir combien vous rapportera cette opération. Vous trouvez la projection de l'information en bas de la simulation dans la case « Rendement de l'opération sur 7 ans ». L'opération est simulée sur 7 ans pour 6 ans de durée de détention en Pinel. Le simulateur prend en compte la date de livraison et de début de location du bien. Le bien est normalement dans le cas de cette simulation, livré fin 2021. Cela signifie que la première réduction Pinel aura bien lieu sur l'année 2021. Par précaution le logiciel prend une marge de retard possible (crise sanitaire, intempéries...). Ainsi, si le bien est livré en 2021, la réduction sera effective jusqu'en 2026 et s'il est livré en 2022, la réduction sera effective jusqu'en 2027.

Pour estimer vos gains sur toute la durée de l'opération, il faut paramètrer dans le simulateur plusieurs critères dont un capital : la revalorisation annuelle du bien. Ce critère indique au logiciel la valeur que prendra le bien chaque année. Il faut être extrêmement prudent lors du paramétrage de ce critère car il est facile de magnifier l'opération et la rendre plus attractive que ce qu'elle ne pourrait être en réalité. Par précaution, je ne mets jamais plus de 1 % d'augmentation de la valeur annuelle. La raison est simple : l'inflation annuelle en France au cours des 26 dernières années est d'en moyenne 1,9 %/an. Or, dans notre cas, nous nous concentrons sur l'inflation des prix de l'immobilier qui sont d'en moyenne 5,1 % par an (base 3e trimestre 2020 – moyenne nationale). Pour information, en dix ans, les prix de l'immobilier ancien ont augmenté de 15,4 %.

Ainsi, comme vous pouvez le constaté, ce n'est absolument pas un risque d'estimer une hausse de 1 % annuel puisque nous sommes cinq fois en dessous de la réalité du marché. D'autant plus que les logements Pinel sont aujourd'hui construits dans des zones où la demande est forte et l'offre relativement pauvre. Les logements acquis aujourd'hui auront donc une valeur nettement supérieure dans quelques années et encore plus dans les zones tendues. Si vous avez un doute, pensez à ces personnes qui ont acheté un logement à Paris, à Annecy ou sur la Côte d'azur il y a dix ans. Je peux vous assurer qu'aujourd'hui ils ne le regrettent pas car l'augmentation du prix de leur logement dépasse largement les 15,4 % moyens nationaux.

Pour en revenir à notre simulation, en admettant que le logement prenne 1 % d'augmentation annuelle, il se revendra au prix de 140 015 € d'ici 7 ans. Durant toutes ces années, Madame Azerty aura rembourser son crédit immobilier. Les crédits immobiliers amortissables sont faits de sorte que les premières années plus d'intérêts sont remboursés et moins de capital. Dès lors, sur une annuité totale de crédit d'une valeur de 8 326 € en 2023, vous rembourserez seulement 6 248 € de capital contre 2 078 € d'intérêts et assurance.

À titre de comparaison, si on prend l'année 2026 sur une annuité constante de 8 326 €, vous rembourserez 6 496 € de capital contre seulement 1 830 € d'intérêts et assurance. De fait, plus vous conservez votre bien longtemps, plus votre CRD (capital restant dû) diminuera et ce, de manière exponentielle.

En bref, à l'issue des 6 ans de détention, le capital constitué avant impôt sera de 40 926 €. Les impôts en question font référence à la taxe sur la plus-value. Rassurez-vous, lorsque vous vendez votre bien immobilier, l'État prévoit une décotte de 15 %. Ainsi, si votre bien à pris moins de 15 % de valeur durant la durée de détention vous n'aurez pas d'impôts à payer sur la plus-value réalisée.

Regardons maintenant ce que donnerait l'opération sur 9 ans de détention du bien.

Simulation 2 d'un investissement Pinel pour Madame Azerty

Revenus et fiscalités	
Revenu brut imposable	35 000 €
Revenu foncier net	0 €
Déduction du revenu	2 994 €
Réductions d'impôt	0 €
Tranche marginale d'imposition	30 %
Impôt avant opération (1 part)	2 988 €
Impôt après opération	285 €
CSG/CRDS avant/après opération	–/–

Support immobilier	
Prix d'achat	131 900 €
Revalorisation du bien	1 %/an
Prix de revient (frais 3 298 €)	135 198 €
Loyer mensuel HC	400 €
Revalorisation des loyers	0 %/an
Typologie/Surface	T1 de 27,7 m^2
Zone locative et durée	B1 sur 6 ans
Livraison prévisionnelle	T4 / 2021
Début de la location	Avril 2022

Environnement financier	
Fonds de roulement initial	0 €
Apport dans le prêt	0 €
Garantie et frais de dossier	2 638 €
Total des frais financés	5 936 €

▶

Environnement financier	
Montant de l'emprunt	137 836 €
Prêt amortissable sur	20 ans
Taux (ADI en sus de 0,3 %/an)	1,3 %
Intérêts intercalaires sur 5 mois	90 €/mois
Échéance/ADI par mois	652,52 €/41,45 €

FISCAL		
	Réduction Pinel	**Bilan foncier**
2021	0 €	0 €
2022	2 704 €	0 €
2023	2 704 €	–810 €
2024	2 704 €	–533 €
2025	2 704 €	1 707 €
2026	2 704 €	1 826 €
2027	2 704 €	1 947 €
2028	2 704 €	2 070 €
2029	2 704 €	2 194 €
2030	2 704 €	2 319 €
TOTAL : 17 662 €		

RECETTES		
	Gain fiscal réinvesti	**Loyer HC**
2021	0 €	0 €
2022	2 703 €	3 600 €
2023	2 988 €	4 836 €
2024	2 988 €	4 884 €
2025	1 679 €	4 933 €
2026	1 608 €	4 983 €
2027	1 535 €	5 032 €
2028	1 462 €	5 083 €
2029	1 387 €	5 134 €
2030	1 312 €	5 185 €
TOTAL : 61 332 €		

DÉPENSES					
	Remboursement prêt	CRD	Taxe foncière 8 %	Charges copro. 5 %	Gestion 7 % et assurances 2,5 %
2021	1 349 €	136 829 €	0 €	0 €	0 €
2022	8 326 €	130 741 €	288 €	180 €	342 €
2023	8 326 €	124 574 €	387 €	242 €	459 €
2024	8 326 €	118 326 €	391 €	244 €	464 €
2025	8 326 €	111 997 €	395 €	247 €	469 €
2026	8 326 €	105 584 €	399 €	249 €	473 €
2027	8 326 €	99 088 €	403 €	252 €	478 €
2028	8 326 €	92 507 €	407 €	254 €	483 €
2029	8 326 €	85 840 €	411 €	257 €	488 €
2030	8 326 €	79 085 €	415 €	259 €	493 €
TOTAL : 86 112 €					

TRÉSORERIE			
	Besoin annuel de trésorerie	Fonds de roulement	Épargne mensuelle
2021	1 349 €	911 €	**226 €**
2022	2 833 €	790 €	**226 €**
2023	1 591 €	1 911 €	**226 €**
2024	1 553 €	3 070 €	**226 €**
2025	2 824 €	2 958 €	**226 €**
2026	2 857 €	2 813 €	**226 €**
2027	2 891 €	2 634 €	**226 €**
2028	2 925 €	2 420 €	**226 €**
2029	2 961 €	2 172 €	**226 €**
2030	2 996 €	1 887 €	**226 €**
ÉPARGNE MENSUELLE TOTALE : 26 668 €			

BILAN DE L'OPÉRATION SUR 10 ANS	
Gain fiscal réinvesti (dont CGS-CRDS)	17 662 €
Loyers encaissés	44 536 €
Épargne investie	26 668 €
RENDEMENT DE L'OPÉRATION SUR 10 ANS	
Épargne mensuelle dès mars 2021	226 €
Prix de revente estimatif	144 257 €
Capital restant dû	79 085 €
Capital constitué avant impôts	65 172 €
Rendement annuel moyen fiscalité incluse	18,4 %

Source : FORSIS, 2021.

Sur une durée d'engagement en Pinel de 9 ans, nous pouvons constater que l'effort d'épargne mensuel augmente de 4 €. Mais l'important est surtout de constater que le capital constitué avant impôt est passé à 65 112 € pour une revente en 2030. C'est donc une augmentation d'un peu moins de 25 000 € en seulement trois ans.

Durant toute cette durée, l'effort d'épargne que Madame Azerty à fournir fera un total de 26 668 €. Ainsi, le capital constitué minimum de 65 112 € représente 244,15 % de la somme épargnée. C'est un peu comme si le capital investit avait été multiplié par 2,4415 en 9 ans. Soit une augmentation annuelle de 27,12 %. Nous sommes loin des livrets A à 0,75 % ou même encore des PEL à 2 %.

Tout cela a été rendu possible grâce au gain fiscal obtenu mais aussi grâce au paiement du loyer des locataires et grâce à la prise de valeur de l'immobilier (ici sous-estimée). Nous pouvons donc dire que cette opération Pinel représente en quelque sorte un placement à 27,12 % annuel.

À noter

Le capital constitué avant impôt peut être légèrement minoré par les frais de remboursement anticipé du crédit (sauf si vous avez négocier une gratuité de remboursement anticipé de votre crédit auprès de votre établissement bancaire) et éventuellement des honoraires d'agence lorsque vous vendrez votre appartement.

5. Les risques et les objections

La loi Pinel, bien qu'étant une des lois de défiscalisation les plus connues, est décriée par certaines personnes. Tout d'abord, elle est victime de la mauvaise réputation de certaines lois l'ayant précédée. Il n'est ainsi pas difficile de trouver des personnes qui vous expliqueront que vous pouvez perdre de l'argent avec un investissement Pinel. En réalité, pour perdre de l'argent avec un investissement Pinel il faut vraiment avoir très mal investi. Comme vous le savez, depuis 2018, la zone B2 n'est plus éligible au dispositif Pinel car de nombreux programmes immobiliers trop ambitieux avaient vu le jour dans des villes où la demande n'était pas si forte. Ainsi, que ce soit en Pinel ou *via* d'autres lois de défiscalisation avant elle, de nombreux investisseurs ont acheté les yeux fermés des appartements à des prix exorbitants dans des villes avec une demande locative très faible. Résultat des courses, ils ont eu du mal à louer leur bien et surtout ont réalisé une très grosse moins-value à la revente.

Cela n'a rien d'étonnant car pendant longtemps les promoteurs ont vendu des appartements avec des prix au m^2 complétement déconnectés du marché local. L'un de mes clients à même revendu un bien acheté en loi Robien avec une moins-value de 50 000 € pour une durée de détention de 9 ans et 38 000 € de gain fiscal. L'opération lui a coûté de l'argent. Aujourd'hui, même s'il existe encore des « mauvais » programmes Pinel, les risques ont diminué depuis que les dernières zones éligibles sont des zones réellement tendues. Le point de vigilance ultime auquel vous devez faire attention est le prix d'achat des logements. Si vous achetez vos appartements Pinel au juste prix (prix en corrélation avec le marché du neuf local) alors vous ne vous exposez pas à une perte d'argent ni même à une moins-value. Faite également attention d'acheter des appartements Pinel dans des emplacements stratégiques, cela améliorera vos chances de réaliser une plus-value importante. Il existe aujourd'hui encore trop de professionnels qui vendent des solutions de défiscalisation en Pinel sans prendre en compte tous les facteurs importants que j'ai cités précédemment. N'hésitez surtout pas à bien vous renseigner et surtout à regarder le prix d'achat du logement que l'on vous propose.

Mon conseil

Vous pouvez vous rendre sur le site immobilier.notaires.fr, *puis dans l'onglet prix immobilier et consulter la carte des prix. Sélectionnez ensuite plus de critère et choisissez « Logements neufs » et rentrez la superficie de votre bien et la ville où vous comptez acheter. Vous aurez une carte précise des prix moyens de l'immobilier et verrez le montant des dernières transactions enregistrées par les notaires. Si le prix au m² de votre logement Pinel est un peu supérieur, ne fuyez pas forcément et cherchez à comprendre pourquoi. Cela peut être dû à l'emplacement du programme ou encore à des prestations ou des matériaux utilisés pour la construction. Certains choix stratégiques peuvent justifiés un prix d'achat plus élevé, mais ce dernier ne doit pas être déconnecté de la réalité économique.*

Une rentabilité trop basse

La rentabilité brute moyenne est en effet basse pour un investissement immobilier, mais cela n'est plus vrai lorsque l'on ajoute le gain fiscal. La loi Pinel est souvent décriée par les conseillers en investissements qui préconisent des investissements générant du *cash-flow* positif. En réalité, il s'agit de deux stratégies d'investissement ne s'adressant absolument pas aux mêmes types de profils investisseurs. La loi Pinel a l'avantage d'être encadrée et surtout clés en main. Concrètement, vous n'avez quasiment rien à faire car tout est géré par divers intermédiaires.

Des loyers plafonnés à la sortie du locataire

Une fois votre durée d'engagement terminée, si vous avez encore un locataire en place, vous ne pourrez pas augmenter votre loyer d'un coup. Vous devrez attendre qu'il parte ou que le bail arrive à échéance pour monter le loyer. De plus, il vous sera difficile de vendre votre logement si vous avez un locataire dedans, notamment avec un loyer plafonné. Il est alors parfois plus judicieux de ne pas remettre de locataires quelques temps avant la fin de votre durée d'engagement.

Des suroffres à l'issue de la période

Dans les programmes de logements neufs situés dans les zones éligibles, des investisseurs achètent des appartements pour profiter du dispositif Pinel mais aussi des propriétaires dont les logements sont les résidences principales ou secondaires. Certaines personnes craignent qu'à l'issue des 6 ans de la fin d'achèvement des travaux, tous les investisseurs Pinel revendent leur bien en même temps, ce qui créerait une suroffre instantanée et aurait tendance à tirer les prix vers le bas. En réalité, il est plutôt rare de voir ce genre de phénomène car tout le monde ne vend pas son bien à l'issue de la même durée d'engagement et les logements ne sont pas libres au même moment. Cela a pu être plus ou moins observé dans des résidences immenses avec plusieurs centaines de logements. Le risque est cependant faible sur des résidences avec une trentaine de logements.

Une perte de valeur après 5 ans

Il est courant de dire que l'immobilier neuf devient ancien au-delà de 5 ans et donc perd de sa valeur. Encore une fois, cela n'est vrai que si vous achetez vos appartements trop chers ou dans des mauvaises zones ou encore si votre logement est mal entretenu. La réalité économique est tout autre. Si vous achetez au bon endroit, l'inflation immobilière couvre amplement la potentielle perte de valeur liée à l'ancienneté du logement.

Le risque de devoir rembourser l'avantage fiscal

Il est vrai que devoir rembourser l'avantage fiscal d'un investissement Pinel pourrait nuire gravement à vos finances et au rendement de l'opération. En revanche, tant que vous respectez la loi, vous ne craignez rien.

Des vendeurs ne prenant pas en compte tous les calculs

Comme je vous l'expliquais, il existe beaucoup de vendeurs malhonnêtes et incompétents. Ces derniers ne vous vendront que ce que vous souhaitez entendre sans prendre en compte dans leur calcul toutes les charges ou encore des critères d'achat comme le prix au m² ou l'emplacement.

Les pires histoires que j'ai pu entendre à propos du dispositif Pinel provenaient des programmes vendus par les banques. Certains conseillers bancaires ignares n'expliquaient même pas aux acheteurs qu'ils auraient des charges d'exploitation comme les taxes foncières, charges de copropriété ou encore de l'impôt supplémentaire sur les dernières années une fois les charges déductibles devenues plus faibles. Ainsi, c'est avec stupeur que les investisseurs se rendaient compte que l'opération qui devait leur coûter 100 € par mois s'approchait en réalité plus des 300 €. Mais bon, comment blâmer des conseillers bancaires qui changent d'agence tous les deux ans et qui n'ont jamais à faire face à leurs responsabilités ?

Mon conseil

Défiscaliser ses impôts avec le dispositif Pinel peut être une excellente idée à condition de respecter un certain ensemble de préconisations. Tout d'abord si vous avez des problématiques fiscales, il est important de bien diagnostiquer votre situation financière, fiscale, familiale et vos moyens pour évaluer la pertinence d'un investissement Pinel. S'il s'avère que cette solution peut être retenue, alors vous devez respecter ces quelques règles.

Acheter toujours vos logements au juste prix et dans un emplacement pertinent où la demande est forte. Faites-vous accompagner par des personne honnêtes et compétentes si vous ne réalisez pas votre investissement seul. Les professionnels qui vous encadrent doivent être capables de vous simuler avec précision les chiffres de votre investissement et pouvoir vous suivre pour vos déclarations d'impôts afin de ne pas risquer d'être requalifié par le fisc ou encore de mal déclarer votre investissement. Faites également confiance au gestionnaire qui le gère et vérifiez que vous bénéficiez de bonnes garanties financières et locatives. Vous avez besoin de pouvoir faire confiance à votre gestionnaire, c'est-à-dire à quelqu'un qui sait évaluer le profil des locataires au-delà des caractéristiques sur le papier. Ce n'est pas parce qu'une personne travaille en CDI et a un garant que c'est un bon profil. Nous savons tous qu'il y a certains critères de sélection chez les locataires qui ne peuvent être exprimés sur le papier mais qui pourtant sont importants… Pour n'en citer que peu il y a l'attitude, la politesse, l'hygiène, etc.

Se lancer dans un investissement Pinel peut être effrayant sur le papier, mais en réalité vous vous rendrez compte que vous oublierez presque que vous avez un investissement en cours. Au fur et à mesure des mois, à part faire un virement (votre effort d'épargne mensuel), vous n'aurez pas grand-chose à faire. Hormis les déclarations d'impôts annuelles, les moments les plus prenants sont l'achat et la revente. Il est ainsi facile avec un investissement Pinel de se constituer un capital financier en peu d'années.

Chapitre 7
La loi Denormandie

1. Principe et fonctionnement

La loi Denormandie est un dispositif d'investissement assez méconnu du grand public. Pourtant, cette loi procure les mêmes avantages fiscaux que la loi Pinel qui est en quelque sorte sa jumelle.

Le principe de ce dispositif est simple : offrir un avantage fiscal aux contribuables rénovant des biens dans des villes labélisées « Action cœur de ville ». Contrairement à la loi Pinel, ce dispositif ne porte que sur l'immobilier ancien et non le neuf.

Origine

Voté dans le cadre de la loi de Finances 2019, la loi Denormandie permet d'investir en France dans un logement ancien à réhabiliter en respectant un certain nombre de critères pour avoir le droit à une réduction d'impôts. L'objectif de cette loi est de revitaliser les centres des villes moyennes souvent délaissés au profit de programmes neufs en périphérie urbaine ou à un exode vers les campagnes ou les grandes métropoles.

C'est dans cette même optique que le gouvernement crée en 2019 le label « Action cœur de ville » qui est aujourd'hui affecté à 222 collectivités au total. Le plan national « Action cœur de ville » a ainsi une double ambition :

- améliorer les conditions de vie des habitants des villes moyennes ;
- conforter le rôle moteur de ces villes dans le développement du territoire.

Zonage géographique

Les villes labéllisées « Action cœur de ville » sont réparties assez également sur tout le territoire français (voir le site : *cartes.cohesion-territoires.gouv.fr*).

La loi Denormandie porte sur l'ensemble de ces villes mais il est également possible de bénéficier de ce dispositif de défiscalisation dans certaines communes dont le besoin de réhabilitation de l'habitat est important tout comme les communes ayant passé une « Convention d'opération de revitalisation de territoire » (ORT).

Les logements concernés

La loi Denormandie s'adresse à :

- tous les logements anciens faisant l'objet de travaux de rénovation et/ou d'amélioration ;
- un local transformé en usage d'habitation.

La période d'investissement

La réduction d'impôt concerne les opérations réalisées entre le 28 mars 2019 et le 31 décembre 2022.

Le principe fiscal

Comme pour le dispositif Pinel, la réduction porte sur une durée allant de 6 à 12 ans avec les mêmes réductions d'impôts.

Durée	Réduction d'impôts
0 à 6 ans	2 % (prix de revient)
6 à 9 ans	2 % (prix de revient)
9 à 12 ans	1 % (prix de revient)

Le prix de revient du bien inclut cette fois-ci le prix d'acquisition du foncier, les frais de notaire mais aussi les travaux de rénovation entrepris.

2. Les conditions obligatoires et le cadre légal

Pour bénéficier de la loi Denormandie, vous devez procéder à un certain nombre de travaux imposés et listés par l'État, et respecter des règles par la suite à la location de votre bien.

La nature des travaux à réaliser

Vous avez pour obligation de procéder à au moins un des travaux suivants dans le logement :

- travaux améliorant la performance énergétique du logement de 30 % pour les logements individuels et de 20 % pour les logements collectifs ;
- au moins deux types de travaux parmi la liste suivante : changement de chaudière, isolation des combles, isolation des murs, changement de production d'eau chaude, isolation des fenêtres ;
- création de surface habitable nouvelle (par exemple, balcon, terrasse ou garage).

À noter

Si vous souhaitez être éligible à la loi Denormandie, vos travaux (au moins l'un des trois dans la liste ci-avant) doivent représenter a minima *25 % du coût total de l'opération. Il est bien question du coût de l'opération totale et non du prix d'acquisition.*

■ Exemple

Frédéric souhaite investir en dispositif Denormandie dans sa ville qui est éligible puisqu'elle est labéllisée « Action cœur de ville ».

Frédéric repère un appartement ancien qui est mal isolé et pourrait être amélioré en termes de rendement énergétique. Il fait alors expertiser son bien par un professionnel de l'environnement énergétique des logements pour atteindre l'amélioration de 30 % demandé par l'État.

L'appartement est vendu 100 000 €. Frédéric reçoit un devis à 30 000 € de travaux d'isolation et d'amélioration du rendement énergétique du logement. Ainsi, on peut calculer :

- prix d'acquisition : 100 000 € ;
- frais de notaire : 8 000 € (environ 8 % dans l'ancien) ;
- travaux : 30 000 € ;
- total : 138 000 €.

Les travaux d'un montant de 30 000 € ne représentent que 21,73 % du coût total de l'opération. Ce n'est donc pas suffisant. Il faudra soit trouver un autre logement, soit augmenter la quantité de travaux.

Les conditions liées au locataire

Au même titre que la loi Pinel, il existe des conditions inhérentes au locataire lui-même. Ce dernier ne doit pas appartenir à votre foyer fiscal. De plus, il existe un plafond des ressources maximum qui s'avère être sensiblement le même que celui utilisé pour la loi Pinel.

Plafond des ressources pour bénéficier de la loi Denormandie

Composition du foyer fiscal	Zone A bis	Zone A	Zone B1	Zone B2	Zone C
Personne seule	38 377 €	38 377 €	31 280 €	28 152 €	28 152 €
Couple	57 357 €	57 357 €	41 772 €	37 594 €	37 594 €
+ 1 personne à charge	75 188 €	68 946 €	50 233 €	45 210 €	45 210 €
+ 2 personnes à charge	89 769 €	82 586 €	60 643 €	54 579 €	54 579 €
+ 3 personnes à charge	106 807 €	97 766 €	71 340 €	64 206 €	64 206 €
+ 4 personnes à charge	120 186 €	110 017 €	80 399 €	72 359 €	72 359 €
Majoration par personne à charge supplémentaire	13 390 €	12 258 €	8 969 €	8 070 €	8 070 €

Comme pour les conditions de revenus, les plafonds de loyer sont identiques en loi Denormandie et en Loi Pinel. La seule différence réside dans le fait qu'en loi Denormandie des villes éligibles sont situées en zone B2.

Plafond de loyer mensuel par m², charges non comprises, pour les baux conclus en métropole (2021)

Localisation du logement	Plafonds mensuels de loyer au m²
Zone A bis	17,55 €
Zone A	13,04 €
Zone B1	10,51 €
Zone B2	9,13 €

Le délai de location après l'acquisition

Si vous achetez un bien éligible au dispositif Denormandie déjà rénové, vous devez mettre votre bien en location au maximum un an après la date d'acquisition du logement.

Si vous achetez un bien éligible au dispositif Denormandie dans un programme clés en main (c'est-à-dire acheter en l'état mais les rénovations seront faites par le promoteur), votre logement doit être loué au maximum un an après la DAT (déclaration d'achèvement des travaux).

Enfin, si vous achetez un bien que vous allez rénover vous-même dans le cadre du dispositif Denormandie, le logement doit être achevé au plus tard le 31 décembre de la 2e année suivant l'acquisition du logement.

L'investissement maximum en loi Denormandie

L'investissement maximum en Denormandie est calculé dans la limite de 300 000 € par an et maximum deux opérations sur une même année fiscale. Il rentre dans le plafond des niches fiscales de 10 000 €. Ainsi, il n'est pas possible de réduire ses impôts de plus de 10 000 € avec ce dispositif.

Il est par ailleurs tout à fait possible pour atteindre ce plafond de monter une opération avec un prix de revient de 300 000 € en année N et une opération d'un prix de revient de 200 000 € en année N+1.

3. La fiscalité

Comme pour la loi Pinel, la fiscalité du dispositif Denormandie ne modifie en rien votre PAS (prélèvement à la source).

La réduction en loi Denormandie est de 2 % du prix de revient du bien pendant les 6 premières années puis les 3 suivantes en cas de reconduction de l'opération.

Ainsi, pour un appartement acheté 100 000 € dans un programme clés en main, vous paierez en général le foncier 40 000 € ou 50 000 € et un montant de 50 000 € à 60 000 € de travaux. À cela vous rajouterez les frais de notaires payés sur le prix du foncier. Contrairement au Pinel, le dispositif Denormandie porte sur des biens achetés dans l'ancien où les frais de notaires sont d'environ 8 % (contre 2,5 % en moyenne dans le neuf).

Dès lors, si l'on admet un prix d'acquisition du foncier de 50 000 €, les frais de notaire ou droit de mutation seront d'environ 4 000 €. En ajoutant à cela le prix des travaux, vous obtenez un prix de revient de 104 000 €, ce qui vous octroie 104 000 × 2 % = 2 080 € de réduction d'impôts chaque année.

Pour comprendre en détail le fonctionnement de la fiscalité, je vous invite à vous référer à la partie « Fiscalité » de la loi Pinel qui explique en détail le fonctionnement des impôts, des charges déductibles mais aussi la fiscalité des revenus fonciers qui fonctionnent exactement de la même manière.

4. Le rendement

Comme nous l'avons vu dans la loi Pinel, le rendement d'une opération immobilière se calcule de plusieurs manières possibles.

Pour calculer le rendement brut d'une opération immobilière, il faut prendre le loyer annuel et le diviser par le prix du logement, puis multiplier le résultat par 100. Si nous reprenons l'exemple du logement qui vaut 104 000 € en prix de revient, que l'on admet qu'il se trouve en zone B2 et que sa superficie totale (en incluant les annexes) soit de 33 m², alors le loyer maximum est de 33 × 9,13 = 301,29 €.

Pour jouer sur le prix psychologique, nous allons dire que le prix du logement est fixé à 300 € par mois. Ainsi, si on calcule la rentabilité de l'opération, voici ce que cela donne :

- 300 × 12 = 3 600 € ;
- (3 600/104 000) × 100 = 3,46 %.

Au même titre que la loi Pinel, pour évaluer réellement le gain brut procuré par ce logement, il faut rajouter le gain fiscal qui est de 2 080 € annuel, soit :

- 3 600 + 2 080 = 5 680 € ;
- (5 680/104 000) × 100 = 5,46 %.

Nous voyons que le gain de l'opération devient plus intéressant. Mais pour bien comprendre ce que vous rapportera et vous coûtera un investissement en Denormandie, il faut lister les charges et recettes d'un tel investissement.

Concernant les charges :

- crédit immobilier (capital + intérêts + assurance du crédit) ;
- taxe foncière ;
- charges de copropriété ;
- gestion du bien (uniquement si agence immobilière) ;
- assurance et garanties locatives (uniquement si agence immobilière) ;
- assurance PNO (propriétaire non occupant).

Concernant les recettes :

- loyers ;
- réduction d'impôts (sous forme de remboursement par le fisc).

Comme pour la loi Pinel, il est rare qu'un bien soumis au dispositif Denormandie s'autofinance à cause des restrictions sur les loyers applicables. De fait, comme dans la plupart des investissements défiscalisant, il vous faudra un effort d'épargne pour compenser la différence entre les charges et les recettes.

Il existe des cas de bien soumis au dispositif Denormandie ou les acheteurs ont réussi à autofinancer leur bien, voire à dégager *cash-flow* positif, en achetant à prix d'or des logements anciens et en rénovant à moindre coût le logement tout en répondant aux critères pour rendre le bien éligible au dispositif.

Voici une simulation sur un appartement avec un prix de revient de 103 093 € situé en zone B2.

Revenus et fiscalités	
Revenu brut imposable	28 159 €
Revenu foncier net	0 €
Déduction du revenu	2 816 €
Réductions d'impôt	0 €
Tranche marginale d'imposition	11 %
Impôt avant opération (1 part)	1 659 €
Impôt après opération	541 €
CSG/CRDS avant/après opération	–/–

Support immobilier	
Prix d'achat	95 900 €
Revalorisation du bien	1 %/an
Prix de revient (frais 3 298 €)	103 093 €
Loyer mensuel HC	340 €
Revalorisation des loyers	1 %/an
Typologie/Surface	T1 de 39,6 m^2
Zone locative et durée	B2 sur 8 ans
Livraison prévisionnelle	T4 / 2022
Début de la location	Avril 2023

Environnement financier	
Fonds de roulement initial	1 000 €
Apport dans le prêt	0 €
Garantie et frais de dossier	1 918 €

▶

Environnement financier	
Total des frais financés	6 500 €
Montant de l'emprunt	103 465 €
Prêt amortissable sur	20 ans
Taux (ADI en sus de 0,3 %/an)	1,3 %
Pas d'intérêts intercalaires	–
Échéance/ADI par mois	489,81 €/31,04 €

FISCAL		
	Réduction d'impôt	**Bilan foncier**
2021	0 €	0 €
2022	0 €	0 €
2023	2 062 €	0 €
2024	2 062 €	– 689 €
2025	2 062 €	– 676 €
2026	2 062 €	1 657 €
2027	2 062 €	1 751 €
2028	2 062 €	1 845 €
TOTAL : 8 162 €		

RECETTES		
	Gain fiscal réinvesti	**Loyer HC**
2021	0 €	0 €
2022	0 €	0 €
2023	1 659 €	3 060 €
2024	1 659 €	4 111 €
2025	1 659 €	4 152 €
2026	1 118 €	4 193 €
2027	1 062 €	4 235 €
2028	1 005 €	4 278 €
TOTAL : 31 190 €		

DÉPENSES					
	Remboursement prêt	CRD	Taxe foncière 8 %	Charges copro. 5 %	Gestion 7 % et assurances 2,5 %
2021	154 €	102 733 €	0 €	0 €	0 €
2022	861 €	102 709 €	0 €	0 €	0 €
2023	6 250 €	98 140 €	245 €	153 €	291 €
2024	6 250 €	93 510 €	329 €	206 €	391 €
2025	6 250 €	88 820 €	332 €	208 €	394 €
2026	6 250 €	84 069 €	335 €	210 €	398 €
2027	6 250 €	79 256 €	339 €	212 €	402 €
2028	6 250 €	74 379 €	342 €	214 €	406 €
TOTAL : 43 922 €					

TRÉSORERIE			
	Besoin annuel de trésorerie	Fonds de roulement	Épargne mensuelle
2021	154 €	2 070 €	**136 €**
2022	861 €	2 841 €	**136 €**
2023	2 220 €	2 253 €	**136 €**
2024	1 405 €	2 480 €	**136 €**
2025	1 374 €	2 738 €	**136 €**
2026	1 882 €	2 488 €	**136 €**
2027	1 906 €	2 214 €	**136 €**
2028	1 930 €	1 916 €	**136 €**
ÉPARGNE MENSUELLE TOTALE : 12 648 €			

BILAN DE L'OPÉRATION SUR 8 ANS	
Gain fiscal réinvesti (dont CGS-CRDS)	8 162 €
Loyers encaissés	25 100 €
Épargne investie	13 648 €

▶

BILAN DE L'OPÉRATION SUR 8 ANS	
RENDEMENT DE L'OPÉRATION SUR 8 ANS	
Épargne mensuelle dès mars 2021	136 €
Prix de revente estimatif	102 818 €
Capital restant dû	74 379 €
Capital constitué avant impôts	28 438 €
Rendement annuel moyen fiscalité incluse	21,5 %

Source : FORSIS, 2021.

Cette simulation a été réalisée avec un simulateur professionnel qui lisse l'effort d'épargne sur toutes les années de détentions pour avoir un montant fixe mensuel. C'est-à-dire qu'en réalité l'effort d'épargne des premières années devrait être aux alentours des 70 € par mois quand celui des dernières années de détention devrait être d'environ 180 € par mois. Par soucis de simplification et de projection, le simulateur moyennise l'effort d'épargne pour que votre projet vous coûte constamment la même somme.

Ainsi, comme nous l'avons vu dans la partie sur la gestion des charges déductibles et du déficit foncier du chapitre sur la loi Pinel, nous savons qu'au début vous aurez plus de charges déductibles et que plus les années passeront, moins vous aurez de charges déductibles, ce qui fera varier votre imposition sur le revenu (IR) mais vous octroiera également des prélèvements sociaux à payer (PS). Il faut savoir que le simulateur en tient compte et que ce que vous pouvez gagner à l'issue de la période des 8 ans de détention se trouve dans la partie « Capital constitué avant impôts ». En effet, cela correspond au montant du capital remboursé et donc à ce que vous toucherez en revendant l'appartement à l'issue de la période de détention. Dans notre exemple, au bout des 8 ans de détention, vous pourrez *a minima* revendre le bien 102 818 € ce qui vous fera un capital après remboursement du prêt (hors frais éventuels de remboursement anticipé) de 28 438 € minimum. L'effort d'épargne total aura été tout au long de la période de détention de 12 648 €.

Encore une fois, il faut être vigilant sur un facteur : la revalorisation annuelle du bien.

Comme je l'ai expliqué dans la partie sur le dispositif Pinel, par défaut je laisse 1 % pour être en corrélation avec l'inflation générale des prix et ne surtout pas surestimer le prix de revente d'un bien. En revanche, comme le dit l'adage, « *qui peut le moins peut le plus* », ce qui signifie que si le projet correspond à vos attentes et à vos moyens, en voyant le résultat à la baisse, vous ne pourrez qu'avoir une bonne surprise.

Pour évaluer la revalorisation annuelle du bien, il faut donc prendre en compte plusieurs critères comme le marché immobilier national mais surtout local et les caractéristiques intrinsèques du bien.

Pour vous donner un ordre d'idée, il m'est arrivé de rassurer des clients après qu'ils ont eu acheté un appartement rénové par un promoteur. Je leur avais estimé une revente minimum à 10 % de plus que leur prix d'achat à 8 ans (j'ai été prudent en estimant cela). En effet, ils avaient acheté un appartement très bien situé en Haute-Savoie près de la frontière suisse. Ils ne m'ont pas cru et se sont dit que faire environ 20 000 € de plus-value en 8 ans leur semblait un peu optimiste, mais ils m'ont quand même fait confiance et ont acheté l'appartement.

Une fois leur bien acté, j'ai récupéré les photos et j'ai mis le bien en vente sur Leboncoin (évidemment, je ne comptais réellement le vendre) mais je l'avais mis 20 000 € plus cher que le prix qu'ils venaient de le payer. Il m'a fallu moins de trois jours pour recevoir un total de 16 acheteurs intéressés immédiatement par le bien et sur ces 16, j'en ai retenu 10 qui avaient un profil sérieux. Quand j'ai annoncé cela à mes clients, ils n'en revenaient pas. L'année de leur acquisition, leur bien se vendait au même prix que je leur avais estimé des années plus tard. Je leur ai dit que cela signifiait qu'ils avaient acheté judicieusement et que leur plus-value était certaine ! Cela les a énormément rassurés.

Évidemment, une telle inflation immobilière est rare et dépend très fortement de votre secteur géographique. Il y a des zones en France ou je parierai vraiment sur 1 % d'inflation annuelle et encore, en admettant que le bien ne se dégrade pas dans le temps.

En bref, tout cela pour vous expliquer qu'il faut être prudent avec ce critère lorsqu'on réalise des projections financières, mais qu'il est aussi important d'être réaliste et reconnaître les zones à haut potentiel de plus-value. Dans le cas de notre exemple, le programme se situe à Béziers et depuis quelques années la ville entreprend de nombreux projets de restauration du centre-ville – c'est donc devenu un endroit attractif car la ville est bien située géographiquement et avec des prix au m² encore faibles par rapport aux villes environnantes comme Montpellier ou celles du bord mer. D'ailleurs la ville attire de plus en plus d'investisseurs et je pense vraiment qu'à l'heure actuelle il est judicieux d'investir dans cette ville dans de bons programmes ou en réalisant de bonnes opérations immobilières. Dans le cadre du programme pris en exemple, le promoteur réalisant les travaux est un spécialiste de la rénovation haut de gamme et le bâtiment rénové est un ancien hôtel avec de très beaux critères architecturaux historiques (hauteur sous plafond de 3 mètres), vue imprenable sur un parc de verdure en plein centre-ville, proximité des commodités et, surtout, le promoteur rénove les appartements en utilisant des matériaux nobles et haut-de-gamme pour donner un côté vraiment singulier aux appartements. Ainsi, les futurs propriétaires se retrouveront avec des appartements uniques à Béziers qu'ils pourront louer à prix d'or une fois la période d'engagement en Denormandie terminée, ou revendre à un très bon prix en réalisant une plus-value et donc un gain supplémentaire.

Comme vous pourrez l'imaginer, l'avantage principal de ce dispositif de défiscalisation concerne donc le type de logements : l'ancien. C'est-à-dire qu'en achetant judicieusement, vous pouvez bénéficier d'une réduction d'impôts conséquente mais aussi réaliser de belles plus-values venant améliorer le rendement final de votre opération.

Regardons à présent le rendement final de l'opération après 11 ans de détention.

Revenus et fiscalités	
Revenu brut imposable	28 159 €
Revenu foncier net	0 €
Déduction du revenu	2 816 €
Réductions d'impôt	0 €
Tranche marginale d'imposition	11 %
Impôt avant opération (1 part)	1 659 €
Impôt après opération	541 €
CSG/CRDS avant/après opération	–/–

Support immobilier	
Prix d'achat	95 900 €
Revalorisation du bien	1 %/an
Prix de revient (frais 3 298 €)	103 093 €
Loyer mensuel HC	340 €
Revalorisation des loyers	1 %/an
Typologie/Surface	T1 de 39,6 m²
Zone locative et durée	B2 sur 8 ans
Livraison prévisionnelle	T4 / 2022
Début de la location	Avril 2023

Environnement financier	
Fonds de roulement initial	1 000 €
Apport dans le prêt	0 €
Garantie et frais de dossier	1 918 €
Total des frais financés	6 500 €
Montant de l'emprunt	103 465 €
Prêt amortissable sur	20 ans
Taux (ADI en sus de 0,3 %/an)	1,3 %
Pas d'intérêts intercalaires	–
Échéance/ADI par mois	489,81 €/31,04 €

FISCAL		
	Réduction d'impôt	**Bilan foncier**
2021	0 €	0 €
2022	0 €	0 €
2023	2 062 €	0 €
2024	2 062 €	–689 €
2025	2 062 €	–676 €
2026	2 062 €	1 657 €
2027	2 062 €	1 751 €
2028	2 062 €	1 845 €
2029	2 062 €	1 941 €
2030	2 062 €	2 038 €
2031	2 062 €	2 136 €
TOTAL : 10 828 €		

RECETTES		
	Gain fiscal réinvesti	**Loyer HC**
2021	0 €	0 €
2022	0 €	0 €
2023	1 659 €	3 060 €
2024	1 659 €	4 111 €
2025	1 659 €	4 152 €
2026	1 118 €	4 193 €
2027	1 062 €	4 235 €
2028	1 005 €	4 278 €
2029	947 €	4 320 €
2030	889 €	4 363 €
2031	830 €	4 407 €
TOTAL : 47 947 €		

DÉPENSES					
	Remboursement prêt	CRD	Taxe foncière 8 %	Charges copro. 5 %	Gestion 7 % et assurances 2,5 %
2021	154 €	102 733 €	0 €	0 €	0 €
2022	861 €	102 709 €	0 €	0 €	0 €
2023	6 250 €	98 140 €	245 €	153 €	291 €
2024	6 250 €	93 510 €	329 €	206 €	391 €
2025	6 250 €	88 820 €	332 €	208 €	394 €
2026	6 250 €	84 069 €	335 €	210 €	398 €
2027	6 250 €	79 256 €	339 €	212 €	402 €
2028	6 250 €	74 379 €	342 €	214 €	406 €
2029	6 250 €	69 439 €	346 €	216 €	410 €
2030	6 250 €	64 434 €	349 €	218 €	415 €
2031	6 250 €	59 364 €	353 €	220 €	419 €
TOTAL : 65 618 €					

TRÉSORERIE			
	Besoin annuel de trésorerie	Fonds de roulement	Épargne mensuelle
2021	154 €	2 142 €	**144 €**
2022	861 €	3 009 €	**144 €**
2023	2 220 €	2 517 €	**144 €**
2024	1 405 €	2 840 €	**144 €**
2025	1 374 €	3 194 €	**144 €**
2026	1 882 €	3 040 €	**144 €**
2027	1 906 €	2 862 €	**144 €**
2028	1 930 €	2 660 €	**144 €**
2029	1 955 €	2 433 €	**144 €**
2030	1 979 €	2 182 €	**144 €**
2031	2 005 €	1 905 €	**144 €**
ÉPARGNE MENSUELLE TOTALE : 18 576 €			

BILAN DE L'OPÉRATION SUR 11 ANS	
Gain fiscal réinvesti (dont CGS-CRDS)	10 828 €
Loyers encaissés	38 224 €
Épargne investie	19 576 €
RENDEMENT DE L'OPÉRATION SUR 11 ANS	
Épargne mensuelle dès mars 2021	144 €
Prix de revente estimatif	105 933 €
Capital restant dû	59 364 €
Capital constitué avant impôts	46 569 €
Rendement annuel moyen fiscalité incluse	16,8 %

Source : FORSIS, 2021.

Nous voyons que les différences se font principalement sur l'effort d'épargne mensuel qui passe de 136 € à 144 € pour un total d'épargne de 18 576 € sur 11 ans de détention et sur le prix de revente estimé (toujours en estimant une inflation annuelle du prix de l'appartement de 1 %) de 105 933 €. Après remboursement du prêt bancaire le capital constitué sera donc de 46 569 €.

Les loyers encaissés combinés au gain fiscal annuel et à l'inflation immobilière font un cocktail financièrement intéressant à l'issue de seulement 11 ans de détention. Évidemment, dans la simulation, j'ai tenu compte des frais d'agence et des garanties locatives que prennent 99 % des investisseurs.

5. Les risques et les objections

La loi Denormandie est assez récente, il y a donc peu de retour sur cette dernière. De plus, c'est une loi bien moins commune que la loi Pinel et les programmes en Denormandie sont assez rares à trouver. Cependant, contrairement à la loi Pinel (sauf exceptions), vous pouvez vous charger vous-même des travaux de rénovation et rendre les logements éligibles ce qui peut avoir un réel intérêt pour certains. Pour d'autres, à la recherche d'une solution de défiscalisation simple et pertinente, la loi

Denormandie est un bon dispositif. Encore une fois, et comme toujours, il faut bien acheter !

Les surcoûts de travaux

L'objection principale est l'équivalente à celle que l'on retrouve dans la loi Pinel : la marge des promoteurs.

En effet, étant donné que le foncier est moins cher, certains promoteurs usent de cet argument commercial pour vendre des programmes avec des coûts surestimés de travaux. Il faut donc acheter auprès d'un partenaire de confiance et comparer le prix final (fonciers + travaux) au m^2 par rapport au neuf. Attention cependant : si vous achetez un appartement isolé dans une résidence ancienne, même si le logement est entièrement rénové, la qualité du cadre compte également et votre appartement, s'il se trouve dans une barre d'immeuble ancien, ne vaudra pas autant qu'un appartement équivalent situé dans une résidence moderne. En revanche, cela est moins vrai lorsqu'un promoteur rénove un immeuble intégralement car il apporte de la modernité et du cachet aux parties communes.

Le retard à la livraison

En faisant appel à des promoteurs, vous pouvez vous exposer à un retard de livraison pour de nombreuses raisons comme des soucis logistiques ou encore des intempéries. Cela peut retarder votre projet et prolonger la période de différé de votre prêt, ce qui viendra décaler votre calendrier fiscal et la rentabilité finale de votre opération.

La requalification d'éligibilité au dispositif

Cette objection s'adresse particulièrement aux personnes souhaitant rénover elles-mêmes leur logement. La réglementation est stricte et contraignante dans ce dispositif, il faut ainsi être vigilant à bien suivre le cahier des charges fixé par l'État.

Mon conseil

Investir dans un dispositif Denormandie pour défiscaliser ses impôts peut s'avérer très pertinent selon votre situation et vos objectifs. Les programmes de rénovation en Denormandie peuvent également être un excellent moyen pour réduire l'imposition de vos revenus fonciers et vos prélèvements sociaux.

Quoiqu'il en soit, pour en revenir à la fonction de base du dispositif, je vous invite toujours à vous entourer de conseillers de confiance pour évaluer votre situation patrimoniale et la pertinence de votre projet, mais aussi acheter auprès de partenaires de confiance qui travaillent avec de bons promoteurs reconnus et compétents.

Chapitre 8
Le déficit foncier

Le déficit foncier n'est pas un dispositif de défiscalisation à proprement parlé. Il ne s'agit pas d'incitations fiscales pour orienter ou subventionner un domaine en particulier comme cela pourrait être le cas des logements neufs en loi Pinel par exemple. Non, le déficit foncier fait partie de notre droit et est régit par le Code général des impôts. Il s'agit d'une doctrine fiscale ayant pour but de garantir une imposition juste. Le déficit foncier n'est donc pas un dispositif mais bel et bien un mécanisme fiscal.

J'ai fait le choix de vous parler du déficit foncier à cet endroit précis du livre, car vous devez comprendre le mécanisme pour aborder les deux chapitres suivants dédiés à la loi Malraux et au dispositif des Monuments Historiques.

1. Principe et fonctionnement

Origine

Le déficit foncier a pour objectif de garantir une imposition juste et éviter une double imposition. Nous avons déjà commencé à l'aborder dans la première partie de cet ouvrage.

Le déficit foncier correspond à un excédent de charges financières et/ou de charges d'exploitation par rapport à vos revenus fonciers. Cela signifie tout simplement que vous avez eu plus de charges que de recettes. Ces charges correspondent à la rémunération d'une entreprise vous ayant fourni un service. Il peut s'agir de la banque (lorsque vous déclarez les intérêts d'emprunt ou l'assurance du crédit), mais aussi d'une agence immobilière (les frais d'agence que vous déclarez comme une charge déductible) ou bien encore des travaux réalisés par une entreprise (que vous déclarez également comme une charge déductible).

Ces charges représentent donc bien une sortie de trésorerie de votre part et une entrée de trésorerie pour l'entreprise que vous rémunérez. Les recettes des entreprises sont déjà taxées dans leur propre compte d'exploitation, ainsi il serait injuste de vous faire payer des impôts sur l'intégralité de vos revenus fonciers alors que vous avez eu des charges pour les percevoir. Ce serait comme taxer une entreprise sur son chiffre d'affaires sans tenir compte de ses charges, un non-sens fiscal.

De fait, en location nue, vos charges financières et vos charges d'exploitation viennent en déduction de vos revenus fonciers et si ces dernières sont plus importantes que vos recettes, le Code général des impôts à prévu des règles bien spécifiques pour régir le déficit.

Zonage géographique

Le déficit foncier est une règle de droit commun qui concerne toutes les propriétés louées nues. Il n'y a pas de zonage spécifique, la règle de droit commun s'applique à tout le territoire français.

Les logements concernés

Tous les logements sont concernés par le mécanisme du déficit foncier tant qu'ils sont loués nus.

2. La fiscalité

Bien maîtriser le mécanisme du déficit foncier est un avantage indéniable pour ceux ayant déjà ou souhaitant acquérir un logement (appartement, maison, immeuble...).

Ce mécanisme permet de faire des économies d'impôts très importantes sur vos revenus fonciers et, dans une moindre mesure, sur vos autres revenus. Si vous n'avez pas de logements loués nus ou que vous recherchez simplement à diminuer votre imposition sur vos salaires, alors vous serez probablement plus intéressé par le dispositif Pinel, Denormandie, Malraux ou encore Monuments Historiques. En revanche, pour bien appréhender la loi Malraux ou celle relative aux Monuments Historiques, il est conseillé de bien comprendre le fonctionnement du dispositif foncier.

L'imposition

Pour rappel, lorsque vous percevez des revenus de location nue, vous avez une double imposition.

■ L'impôt sur le revenu

Vos revenus fonciers viennent s'ajouter à vos autres revenus, comme vos salaires ou vos pensions de retraite par exemple. Ainsi, votre impôt sur le revenu correspond à l'ensemble de vos revenus et est imposé selon un barème progressif.

Tranches de revenus du foyer fiscal	Taux d'imposition appliqué
0 € à 10 084 €	0 %
10 085 € à 25 710 €	11 %
25 711 € à 73 516 €	30 %
73 517 € à 158 122 €	41 %
Au-delà de 158 122 €	45 %

Si vos seuls revenus sont des revenus fonciers, alors dans votre avis d'imposition n'apparaîtra que la case « Revenus fonciers : X € ».

Les revenus fonciers qui apparaissent dans votre avis correspondent à vos revenus fonciers nets, c'est-à-dire après avoir déduit vos charges.

■ Les prélèvements sociaux

Les prélèvements sociaux sont dus pour les revenus issus du patrimoine et les revenus fonciers provenant de biens que vous possédez en font partie. Ainsi, vous devez en plus de l'impôt sur le revenu soumettre vos revenus fonciers nets aux prélèvements sociaux imposés au taux de 17,2 %.

Les régimes déclaratifs

Lorsque vous faites votre déclaration, vous avez le choix entre deux modes de déclaration de vos revenus.

Rappelez-vous : nous avons vu que dans le cas de revenus issus de locations nues vous aviez le choix entre deux régimes pour déclarer vos charges :

- le micro-foncier ;
- le régime réel.

■ Le micro-foncier

Cette option n'est valable que pour les personnes percevant moins 15 000 € de revenus fonciers par an. Le micro-foncier correspond à un forfait pour charge de 30 %. C'est-à-dire que l'État enlève 30 % à vos revenus fonciers et vous impose sur le résultat. Ainsi, pour une personne déclarant 1 000 € de loyers à l'année, l'État enlèvera 300 € au titre des charges et seulement 700 € seront soumis à l'impôt sur le revenu et aux prélèvements sociaux.

■ Le régime réel

Le régime réel est légèrement différent car vous avez la possibilité de déclarer vos charges réelles, c'est-à-dire l'ensemble des dépenses occasionnées durant l'année pour vos biens en location nue.

Pour rappel, il y a deux catégories de dépenses. Tout d'abord, vous avez les charges financières. Dans votre déclaration de revenus fonciers 2044, cela correspond à la ligne 250 également appelée « intérêts d'emprunt ». Le terme « intérêts d'emprunt » est selon moi trop généraliste et je préfère parler de charges financières comme c'est le cas en location meublée. Et dans un second temps, vous avez les charges déductibles, également appelées « charges d'exploitation » ou « frais et charges » dans la déclaration 2044.

Les charges financières (ou intérêts d'emprunts) comprennent :

- les intérêts d'emprunt du crédit en cours affectés au(x) bien(s) en location nue ;

- les primes d'assurance du crédit en cours affecté au(x) bien(s) en location nue (ex. : l'assurance du prêt payée chaque mois sur vos échéances de prêt) ;
- les frais de constitution d'un dossier bancaire ;
- les frais de garantie (hypothèque, privilège de prêteur de deniers) ;
- les honoraires de notaire TTC liés à un acte de garantie ;
- les sommes versées à un organisme de cautionnement (à hauteur du montant non remboursable en fin de crédit) ;
- les frais de main levée d'hypothèque.

Les charges d'exploitations (ou frais et charges) comprennent quant à elles :

- les dépenses d'entretien, d'amélioration et de réparation ;
- les dépenses acquittées pour le compte des locataires et restant définitivement à la charge des propriétaires ;
- les provisions pour charges de copropriétés ;
- les impôts et taxes inhérentes au logement ;
- les cotisations d'assurance ;
- les charges de gestion ;
- les frais administratif.

Il est important de noter que cette liste n'est pas exhaustive et que le Code général des impôts prévoit que « toutes les dépenses effectuées en vue de l'acquisition et de la conservation de son revenu » sont également concernées.

Ainsi, seul le régime réel permet la création de déficit foncier.

L'intérêt fiscal du déficit foncier

Le déficit foncier permet, lorsque l'ensemble des charges est supérieur aux recettes, de réduire votre imposition de deux manières :

- en s'imputant sur votre revenu global ;
- en gommant vos futurs revenus fonciers et en neutralisant votre résultat imposable.

■ En s'imputant sur votre revenu global

Lorsque vous allez déclarer vos revenus au régime réel, vous obtiendrez une déclaration similaire à celle-ci.

Revenus fonciers perçus	10 000 €
Charges financières	– 1 500 €
Charges d'exploitation	– 2 500 €
Revenus imposables	= 6 000 €

Dans cet exemple, nous avons un résultat foncier positif, ce qui signifie que les 6 000 € viendront s'ajouter à vos autres revenus imposables et seront soumis à l'impôt sur le revenu au même titre que vos salaires. Si vous n'avez pas de salaire (que vous vivez sur vos dividendes par exemple), alors ces 6 000 € constitueront votre seule source de revenus et seront imposés dans une tranche à 0 % (car inférieure aux 10 084 € minimum pour commencer à être imposé à 11 %).

Mais ces 6 000 € seront également soumis aux prélèvements sociaux au taux de 17,2 %, soit 6 000 × 17,2 % = 1 032 €.

Maintenant, prenons un exemple en déficit foncier.

Revenus fonciers perçus	2 000 €
Charges financières	– 1 500 €
Charges d'exploitation	– 2 500 €
Revenus imposables	= – 2 000 €

Dans cet exemple, nous avons 2 000 € de loyers. Il faut par ordre de priorité d'abord déduire les intérêts d'emprunt et seulement ensuite les charges déductibles.

Cela donne donc :

- 2 000 – 1 500 = 500 € ;
- 500 – 2 500 = – 2 000 €.

Nous avons dans cet exemple un déficit foncier de 2 000 €. Rappelez-vous, nous avions vu que le déficit foncier s'imputait sur votre revenu global pour les premiers 10 700 €.

Ainsi, si vous avez perçu 20 000 € de salaire sur l'année, alors les 2 000 € de déficit foncier viendront les diminuer. Vous n'aurez un revenu imposable que de 18 000 €.

Voyons maintenant combien d'impôt cela vous a fait économiser :

- impôt sur le revenu dû pour 20 000 € de salaires imposables (hors déduction de 10 % pour frais et après décotte) = 805 € ;
- impôt sur le revenu dû pour 18 000 € de salaires imposables (hors déduction de 10 % pour frais et après décotte) = 486 €

Dans notre exemple, le déficit foncier vous a permis de réduire votre revenu imposable de 2 000 € et vous a ainsi fait économiser 319 € d'impôts. Mais ce n'est pas tout, car grâce à vos charges déductibles, vous ne payez pas d'impôts sur vos revenus fonciers. En réalité, en percevant 2 000 € de revenus fonciers si vous n'aviez pas eu de charges financières ou de charges d'exploitation, vous auriez dû payer :

- 2 000 × 11 % (tranche marginale d'imposition) = 220 € ;
- 2 000 × 17,2 % (prélèvements sociaux) = 344 €.

Soit un total de 564 €.

Il est important de noter que dans les règles fiscales de déficit foncier, les charges financières (ou intérêts d'emprunt) ne peuvent jamais s'imputer sur votre revenu global, ils seront toujours mis en report pour effacer vos revenus fonciers des années à venir. Ainsi, les 10 700 € qui s'imputent sur votre revenu global ne peuvent être composés que de charges d'exploitation (ou frais et charges).

Prenons maintenant un exemple typique de ce qu'il se passe l'année où vous achetez un logement nu :

- vous avez souvent des revenus fonciers faibles car il est rare d'acquérir un bien dès le 1er janvier et par conséquent vous ne percevez que quelques mois de loyers ;
- vous avez également des charges financières importantes (si vous achetez à crédit) car en plus de devoir payer les intérêts

d'emprunt, vous avez des frais de garantie, des frais de dossier, des frais de courtage etc. ;

- vos charges d'exploitations peuvent être plus ou moins importante en fonction du logement. En effet ce qui coûte le plus cher dans les charges d'exploitation sont les frais d'agence et les travaux si vous en avez.

Revenus fonciers perçus	3 000 €
Charges financières	–4 000 €
Charges d'exploitation	–2 000 €
Revenus imposables	= –3 000 €

Dans notre exemple, les revenus fonciers sont de 3 000 € pour 4 000 € de charges financières. Cela nous donne donc 3 000 – 4 000 = – 1 000 €.

Ces 1 000 € se mettront automatiquement en report pour gommer les revenus fonciers des années futures car ils sont issus des charges financières et ne peuvent sous aucun prétexte s'imputer sur votre revenu global.

Si nous prenons ensuite les 2 000 € de charges d'exploitation, étant donné qu'il n'y a plus de revenus fonciers à gommer (car les charges financières l'ont déjà fait), alors ces 2 000 € s'imputeront sur votre revenu global et ce, dans la limite de 10 700 €.

Revenus fonciers perçus	3 000 €
Charges financières	– 4 000 €
Charges d'exploitation	– 18 000 €
Revenus imposables	= – 3 000 €

Dans cet exemple, nous avons une situation similaire exceptées les charges qui sont de 18 000 € et non de 2 000 €. Ainsi 10 700 € s'imputeront sur votre revenu global et le reste ira en report avec les intérêts d'emprunt. Votre revenu imposable passerait ainsi à 20 000 – 10 700 = 9 300 €.

Et le reste des charges à 18 000 – 10 700 (imputés sur votre revenu global) = 7 300 € restants qui iront se mettre en report avec les intérêts d'emprunt non utilisés. Cela vous donnera ainsi une enveloppe de 7 300 € + 1 000 € = 8 300 € pour les revenus fonciers des années à venir.

La durée de vie du déficit

La mise en report du déficit foncier n'est pas éternelle et dure maximum 10 ans. Dans notre exemple, vous avez donc 10 ans pour utiliser 8 300 € de déficit.

Revenus fonciers perçus	10 000 €
Charges financières	– 1 000 €
Charges d'exploitation	– 1 500 €
Revenus imposables	= 7 500 €

Si l'année suivante vous avez un résultat de 7 500 €, alors votre déficit de l'année N–1 viendra l'effacer et vous ne paierez aucun impôt cette année-là non plus. D'ailleurs, il vous restera encore un peu de déficit pour l'année N+2 : 8 300 – 7 500 = 800 €.

Si vous êtes dans une situation un peu particulière et que vous n'avez pas ou peu de revenus par exemple, alors le déficit qui aurait dû s'imputer sur votre revenu global se mettra en report et pourra s'imputer sur votre revenu global les années suivantes mais uniquement pour une durée de 6 ans.

Si l'on reprend notre premier exemple et que 10 700 € s'imputent sur votre revenu global et que pour une raison ou une autre cette année-là vous ne déclariez que 5 000 € de salaire, alors les 10 700 € viendront gommer vos 5 000 € de salaire et les 5 700 € restants se mettront en report pour gommer vos revenus des années à venir. Vous avez donc 6 ans pour les utiliser sinon ils seront perdus. Nous parlons dans ce cas d'un déficit global.

Comme vous pouvez le constater, le déficit foncier est très utile pour effacer les revenus fonciers et ainsi percevoir des revenus issus de location nue sans fiscalité, mais son efficacité sur le revenu global, et donc votre impôt sur le revenu, est assez limité. Il reste néanmoins un mécanisme très puissant et performant pour investir dans l'immobilier en limitant l'impact fiscal.

3. Quels travaux pour générer du déficit foncier ?

Dans le cadre de la location nue, nous avons vu l'ensemble des charges financières et des charges d'exploitation qui venaient diminuer le résultat imposable de vos loyers. Vous avez des charges récurrentes chaque année comme les intérêts et assurance du crédit, mais également la taxe foncière, l'assurance du bien et les frais d'agence qui représentent la plupart du temps environ 20 à 30 % des loyers perçus. Autrement dit, le seul poste de dépenses capable de vraiment vous générer du déficit foncier est les travaux que vous réalisez qui peuvent représenter plusieurs années de loyers cumulés.

Seulement, est-ce que tous les travaux sont considérés comme des charges déductibles de vos revenus ? Eh bien non ! Voyons lesquels peuvent être considérés comme des charges déductibles.

Les travaux de réparation et d'entretien (éligibles)

C'est-à-dire des travaux ayant pour objet de maintenir ou de remettre un immeuble en bon état et d'en permettre un usage normal, conforme à sa destination, sans en modifier la consistance, l'agencement ou l'équipement initial. Par exemple :

- traitement des bois ou des structures ;
- dépenses de recherche et d'analyse de la nocivité de l'amiante ;
- remise en état de murs peints ou de sols posés ;
- remise en état du gros-œuvre (toiture, façades, etc.), des canalisations ou de l'installation électrique ;
- remise en état de l'installation de chauffage central (remplacement de canalisations et d'éléments de radiateurs) ;
- remise en état du mur d'une propriété ;
- travaux de réparation des plafonds, des planchers et de l'escalier et travaux de réfection des enduits extérieurs ;
- travaux de remise en état de la toiture de l'immeuble, ravalement et crépissage des murs et réfection des peintures extérieures ;
- remplacement de la chaudière du chauffage central ;

- dépenses effectuées pour rendre une installation d'ascenseur conforme aux normes réglementaires de sécurité ou pour remplacer un ascenseur vétuste ;
- frais de remise en état d'une cuisine aménagée existante (hors dépenses de remplacement des appareils électroménagers considérées comme des dépenses d'investissement dont l'objet diffère de celui de l'entretien ou la réparation de l'immeuble nu).

Les travaux d'amélioration (éligibles)

C'est-à-dire des travaux qui ont pour objet d'apporter à un immeuble un équipement ou un élément de confort nouveau ou mieux adapté aux conditions modernes de vie, sans modifier cependant la structure de cet immeuble. Par exemple :

- installation initiale ou remplacement du chauffage central, d'une salle d'eau, d'une cuisine, du tout-à-l'égout, d'un ascenseur, d'une antenne collective de télévision ;
- agrandissement des fenêtres et pose de persiennes (notamment pour y placer des huisseries normalisées) ;
- reprise des fondations de l'immeuble ;
- asphaltage du trottoir attenant à la propriété ;
- réfection de l'installation électrique et aménagement de nouvelles installations sanitaires sans accroissement du volume et de la surface habitable ;
- réparation de la toiture d'un bâtiment par remplacement d'une partie de la charpente, le ravalement de sa façade, l'ajout de balcons en fer forgé, la pose de dalles ainsi que la consolidation ou le changement des cloisons intérieures de façon à aménager des appartements dans les volumes existants.

Ces travaux n'ont pas apporté de modifications importantes au gros-œuvre et n'ont pas augmenté la surface des lieux d'habitation.

Les autres travaux et plus particulièrement les travaux de construction, reconstruction et d'agrandissement ne peuvent pas être considérés comme des charges déductibles.

Les travaux de construction, reconstruction et agrandissement (non-éligibles)

Ces travaux comprennent par exemple :

- la transformation d'un grenier en appartement moderne ;
- les travaux entrepris en vue de transformer de grands appartements en petits studios ;
- les travaux ayant transformé des locaux commerciaux en local d'habitation ;
- les travaux ayant transformé un garage situé en rez-de-chaussée en appartement ;
- les travaux qui ont consolidé les murs extérieurs, détruit des cloisons et des conduits de cheminée, etc.

L'administration fiscale ne fournit pas une liste exhaustive des travaux éligibles ou non mais vous pouvez retrouver une liste de jurisprudence pour vous aiguiller en cas de besoin sur le site du BOFIP (*bofip.impots.gouv.fr*).

En résumé, tous les travaux qui englobent la construction nouvelle, la reconstruction ou encore l'agrandissement des biens ne sont pas éligibles. Si, par exemple, vous rénovez une salle de bain en changeant le sol, les vasques et en mettant une superbe douche à l'italienne, alors tous les travaux sont éligibles.

À noter

Si vous décidez de faire les travaux vous-même, vous pouvez déduire le prix d'achat des matériaux mais vous ne pouvez pas vous facturer des heures de main-d'œuvre. La main-d'œuvre n'est déductible que lorsqu'il s'agit d'une entreprise professionnelle qui effectue les travaux.

4. Créer sans fiscalité de la valeur dans l'immobilier

Si votre objectif est d'investir dans l'immobilier pour vous constituer un patrimoine important tout en générant du *cash-flow* positif, alors je vous conseille de vous référer à mon livre *Immobilier locatif – Comment réussir son premier investissement sans stress* paru aux éditions Maxima. Je vous y explique comment créer de la valeur dans l'immobilier et acquérir les biens qui vous permettront d'avoir du *cash flow*, c'est-à-dire comment l'ensemble de vos charges et de vos mensualités de crédit soit inférieur à vos recettes pour que vous ayez non seulement des biens qui s'autofinancent, mais également qui vous rapportent de l'argent chaque mois ! Dans ce livre, je vous donne également des techniques pour vous permettre de vous constituer une trésorerie de plusieurs dizaines de milliers d'euros en moins d'un an et comment louer vos biens au prix le plus élevé et ainsi maximiser leur rentabilité.

Dans ce présent livre, je vais rester concis car ce n'est pas le sujet, mais je vais vous expliquer pourquoi le mécanisme du déficit foncier peut être vraiment avantageux pour une personne souhaitant investir dans l'immobilier sans fiscalité.

■ Exemple

Pour vous illustrer les différents avantages à investir dans l'immobilier en utilisant le levier du déficit foncier, prenons l'exemple de Monsieur Dupont.

Nous allons imaginer que Monsieur Dupont est célibataire et qu'il perçoit 40 000 € de salaire annuel. Il est propriétaire de sa résidence principale et d'un studio qu'il loue nu dans le centre de Lyon pour 500 € par mois (6 000 € par an). Monsieur Dupont souhaite anticiper sa retraite en se constituant un patrimoine immobilier qui lui générera des revenus complémentaires d'ici 20 à 25 ans en fonction de la durée de son emprunt. Pour l'exemple, nous allons admettre 20 ans.

Monsieur Dupont, avec ses salaires et son studio, se situe dans une tranche marginale d'imposition à 30 %. Il va donc concentrer ses recherches pour se créer une enveloppe de déficit foncier et ainsi ne plus payer d'impôts sur ses loyers pendant plusieurs années. Cela englobe donc l'appartement qu'il va acquérir mais également son studio à Lyon qui lui génère un supplément d'impôt sur le revenu et les prélèvements sociaux.

Monsieur Dupont est très pris par son travail et n'a pas le temps de faire ses propres recherches d'appartement, d'entreprise de rénovation, etc. Il décide donc de faire appel à son conseiller en gestion de patrimoine pour l'aider à trouver un programme adapté à ses besoins. Son conseiller lui propose alors un programme clés en main (réalisé par un promoteur) en plein cœur de la ville d'Annecy.

Le principe est simple, le promoteur a acquis un immeuble et le rénove intégralement en revendant chaque appartement individuellement. Cela permet au promoteur de fournir au client un appartement entièrement rénové tout en lui permettant de déclarer les travaux éligibles comme une charge déductible et ainsi générer du déficit foncier.

Dans ce programme, l'investissement total est de 200 000 € :

- 93 000 € portent sur le foncier, c'est-à-dire le prix d'acquisition de l'appartement ;
- – 7 000 € de frais de notaire (j'ai arrondi le résultat pour que les calculs soient plus simples) ;
- – 95 000 € de travaux éligibles au déficit foncier ;
- – 5 000 € de travaux non éligibles.

Le promoteur annonce un loyer mensuel après rénovation de 850 €, ce qui donne un total annuel de 850 × 12 = 10 200 €.

Mais il y a également l'appartement de Lyon qui lui génère déjà un loyer de 6 000 €. Cela donnera ainsi à Monsieur Dupont des revenus fonciers annuels de 16 200 €.

Si l'on décompose les charges déductibles avant travaux par appartement, nous obtenons les résultats suivants (par soucis de simplification, je ne prends que trois charges, mais il faudrait déduire l'ensemble des charges déductibles comme les charges de copropriété, l'assurance du bien, les frais administratifs, etc.).

Appartement Lyon :

Loyers	6 000 €
– Intérêts et assurance du crédit	800 €
– Taxe foncière	500 €

▶

– Frais d'agence	700 €
= Revenus imposable	4 000 €

Appartement (futur) Annecy :

Loyers	10 200 €
– Intérêts et assurance du crédit	1 200 €
– Taxe foncière	800 €
– Frais d'agence	1 000 €
= Revenus imposable	7 200 €

Et donc au total :

Lyon	4 000 €
Annecy	7 200 €
= Total revenus imposables	11 200 €

Si l'on admet que Monsieur Dupont est imposé dans une tranche marginale d'imposition de 30 %, alors voici comment se calcule son imposition sur ses revenus fonciers sans les travaux.

Total revenus imposables	11 200 €
Impôt sur le revenu (30 %)	3 360 €
Prélèvements sociaux (17,2 %)	1 926 €
Total impôts	= 5 286 €

Si Monsieur Dupont avait acheté un appartement déjà rénové et sans travaux, il aurait dû s'acquitter d'un montant de 5 286 € par an. Or, nous savons que les travaux déductibles représentent un montant de 95 000 €, *mais* que la première année vous devez imputer 10 700 € sur votre revenu global. Cela donne donc une économie d'impôt en deux temps.

Tout d'abord, il faut savoir que les travaux seront imputés sur votre revenu global l'année où vous les déclarez, mais cela ne correspond pas forcément à l'année ou vous allez commencer à louer votre bien. Par exemple, dans le cas de

Monsieur Dupont, si l'on imagine que le promoteur commence la rénovation de l'immeuble en septembre 2022, alors le promoteur va faire un appel de fonds auprès des investisseurs au mois de juin (par exemple). Ce qui, fiscalement, correspondra bien à une sortie de 100 000 € de travaux en juin 2022 pour Monsieur Dupont mais son appartement ne sera probablement pas fini avant avril 2023. Ainsi, la première année, il n'aura que des charges financières et des charges d'exploitation pour son bien d'Annecy sans avoir aucune entrée d'argent. En revanche, son appartement de Lyon, lui, continuera d'être loué sans interruption. Cela donnerait :

Enveloppe de déficit de foncier générée en 2022 = 100 000 €

– Travaux non déductibles : 5 000 €

= Enveloppe de déficit foncier déductible en 2022 = 95 000 €

– Revenus fonciers nets en 2022 = 4 000 € (uniquement Lyon)

– 10 700 € imputable sur le revenu global

Pour résumer :

Déficit généré	95 000 €
– Imputation sur le revenu global	10 700 €
= Enveloppe après imputation	84 300 €
– Revenus fonciers de Lyon	4 000 €
= Déficit restant à la fin de l'année	80 300 €

Calculons maintenant la réduction d'impôts obtenue par Monsieur Dupont sur l'année 2022.

- Réduction liée à l'imputation sur le revenu global :
  - salaires perçus en 2022 = 40 000 € ;
  - impôt sur le revenu dû = 6 005 € ;
  - imputation sur le revenu = 10 700 € ;
  - revenus imposables après imputation = 29 300 € (40 000 – 10 700) ;
  - impôt sur le revenu dû = 2 795 € ;
  - économie d'impôts totale = 3 210 €.

- Réduction liée au déficit foncier effaçant les revenus fonciers de Lyon :
  - revenus fonciers imposables = 4 000 € ;
  - impôt sur le revenu dû = 1 200 € (4 000 × 30 %) ;
  - prélèvements sociaux dus = 688 € (4 000 × 17,2 %) ;
  - total = 1 888 € ;
  - revenus fonciers imposables après imputation du déficit = 0 € (4 000 – travaux déductibles) ;
  - économie d'impôts totale = 1 888 €.

Sur l'année 2022, le déficit foncier généré par Monsieur Dupont lui permet d'économiser 5 098 € d'impôts et de prélèvements sociaux. Les années suivantes, les travaux ne s'imputeront plus sur le revenu global mais gommeront uniquement les revenus fonciers.

À la fin de l'année 2022, l'enveloppe restante de déficit est de 80 300 € et un total de 11 200 € de revenus fonciers imposables est à gommer chaque année. Cela donne donc 80 300/11 200 = 7,17 années.

Pendant 7,17 années, Monsieur Dupont ne paiera aucun impôt sur ses revenus fonciers. Cela correspond au total à une économie d'impôt totale sur la durée de détention d'un peu plus de 40 000 € !

De plus, en achetant dans des villes comme Lyon ou Annecy où l'inflation de l'immobilier peut atteindre plus de 8 % dans certains quartiers, Monsieur Dupont peut tout à fait revendre ses appartements dans 8 ans pour récupérer un capital qu'il réinvestira dans une nouvelle opération de déficit foncier important pour ne pas payer d'impôt pendant à nouveau 8 ans.

Il est donc possible d'acquérir des biens, de les rénover et de créer un déficit foncier plus important qui génère une économie d'impôt encore plus longue…

Dans notre exemple, nous avons imaginé que Monsieur Dupont faisait appel à un promoteur qui vendait un programme clés en main. Cela signifie que la rentabilité de l'opération tournera autour de 4 à 6 %, mais il aurait tout à fait été possible pour Monsieur Dupont de faire ses propres recherches et d'acheter un appartement en ruine pour le faire rénover par une entreprise choisie et d'aller ainsi chercher un rendement supérieur à 6 %.

Ce qu'il faut bien comprendre, c'est qu'en général, en achetant un appartement à 150 000 € rénové que vous louerez 600 € par mois ou un appartement que vous achetez 100 000 € et dans lequel vous allez injecter 50 000 € de travaux, il y a fort à parier que vous louiez votre appartement un peu plus cher car il sera fraîchement rénové et très moderne, mais surtout, vous aurez plusieurs années de loyers non-fiscalisés... Donc il est préférable d'opter pour la deuxième option.

5. Du déficit foncier couplé à un dispositif de défiscalisation ?

Comme nous l'avons vu, le déficit foncier ne peut s'imputer sur votre revenu global à part la première année et à hauteur de 10 700 € maximum. Vous pouvez donc gommer vos impôts sur le revenu et vos prélèvements sociaux sur vos revenus fonciers mais votre imposition liée à vos revenus du travail ne sera pas impactée.

Ainsi, il est judicieux dans certaines situations, notamment lorsque votre endettement le permet, de coupler une opération en déficit foncier avec un dispositif de défiscalisation immobilier pour travailler votre imposition sur plusieurs axes.

Il est également courant que des personnes investissent dans des résidences services (ou appartements) en LMNP pour percevoir des loyers non-fiscalisés et/ou mettent en place un dispositif de défiscalisation pour effacer ou réduire l'impôt sur leurs revenus.

Parfois encore, certaines personnes cumulent jusqu'à trois ou quatre dispositifs de défiscalisation pour profiter des niches fiscales au maximum et ainsi mettre leur imposition au service de leur patrimoine.

Chapitre 9
La loi Malraux

1. Principe et fonctionnement

Origine

Le dispositif législatif Malraux est né en 1962 et a été instauré par son fondateur, André Malraux. Ce dispositif est ainsi destiné à parfaire la législation sur la protection du patrimoine historique en soutenant la restauration immobilière.

Dans les années 1960, les centres villes sont refondus afin d'améliorer le déplacement urbain lié aux nouveaux modes de transport et accroître le nombre de bureaux et centres commerciaux. André Malraux a pour ambition de protéger les quartiers historiques et le patrimoine français de ces nouvelles tendances urbanistiques. Le tout premier secteur sauvegardé par la loi Malraux concerne ainsi la ville de Sarlat en Dordogne. L'objectif étant de préserver le tracé historique de ses rues médiévales et les façades des bâtiments construits lors de la Révolution française.

La loi Malraux a depuis fait l'objet de révisions, notamment en 1995, 2009 et 2017. Son objet reste identique : la protection du patrimoine français.

Zonage géographique

La loi Malraux n'est pas définie par un zonage géographique précis, mais les bâtiments éligibles doivent être situés dans des zones bien déterminées. Ainsi, pour qu'un immeuble soit éligible à la loi Malraux, il doit être situé dans un SPR (sites patrimoniaux remarquables), c'est-à-dire :

- un site concerné par un plan de sauvegarde et de mise en valeur (PSMV) approuvé, situé dans des quartiers anciens dégradés (QAD) ou encore dans des quartiers conventionnés « nouveau programme national de renouvellement urbain » (NPNRU) ;

- un site patrimonial remarquable avec un plan de valorisation de l'architecture et du patrimoine (PVAP) ;
- un site dont la restauration a été déclarée d'utilité publique ;
- un quartier à habitat dégradé (vous pouvez en trouver la liste sur Internet suite à l'arrêté du 19 janvier 2018).

Qu'est-ce qu'un secteur sauvegardé ?

Les secteurs sauvegardés font l'objet de mesures de protections portant « sur un secteur présentant un caractère historique, esthétique ou de nature à justifier la conservation, la restauration et la mise en valeur de tout ou partie d'un ensemble d'immeubles ».

Les logements concernés

Cependant, tous les logements situés dans les zones indiquées ci-dessus ne sont pas forcément concernés. Il faut pouvoir réunir cumulativement les conditions suivantes pour que le dispositif de défiscalisation s'applique :

- procéder à la rénovation complète de l'immeuble ;
- demander et obtenir l'autorisation du préfet pour la réalisation des travaux après avoir soumis la demande à l'avis d'un architecte des bâtiments de France ;
- porter les travaux de rénovation sur un immeuble bâti : pour des locaux d'habitation ou pour des locaux destinés originellement à l'habitation et réaffectés à cet usage, ou pour des locaux affectés à un usage autre que pour l'habitation (ex. : des murs de boutique en pied d'immeuble).

D'autres conditions sont encore à remplir, nous y reviendrons.

Le principe fiscal

La loi Malraux s'adresse à des contribuables ayant une forte imposition. Le principe est simple : vous obtenez une réduction d'impôt d'un montant correspondant à 22 ou 30 % des travaux éligibles lors de la rénovation d'un immeuble particulier.

Le montant de la réduction d'impôt octroyée correspond aux dépenses éligibles des travaux de restauration engagées par le contribuable. Le taux de la réduction d'impôt peut ainsi être de :

- 30 % pour les immeubles situés dans un SPR avec un PSMV approuvé, les QAD et les NPNRU ;
- 22 % pour les immeubles situés dans un SPR avec un PVAP approuvé ou dont le programme de réhabilitation a été déclaré d'utilité publique.

Le montant des travaux pour le calcul de la réduction d'impôts octroyée par la loi Malraux est plafonné à 400 000 € pour une période de 4 années consécutives maximum.

■ Exemple

Imaginons un investissement dans un immeuble éligible à la loi Malraux :

- prix du foncier : 50 000 € ;
- prix des travaux de rénovation : 100 000 € ;
- durée des travaux : 3 ans.

Alors le montant de la réduction d'impôts est de 30 000 € répartis sur 3 ans, soit 10 000 € de réduction d'impôts par an.

Il est important de préciser que la loi Malraux ne rentre pas dans le plafonnement des niches fiscales de 10 000 € par an. En revanche, le plafond de dépenses de 400 000 € ouvrant droit à une réduction d'impôts porte sur une période globale de 4 ans maximum à compter de l'année de délivrance de l'autorisation des travaux.

2. Les conditions obligatoires et le cadre légal

La loi Malraux a connu d'important changements en 2016 lors du vote de la loi de Finances rectificatives. Tout d'abord, trois nouvelles mesures sont introduites :

- les SPR entrent dans le champ d'application géographique de la loi Malraux ;
- la réduction d'impôts porte sur une période pluriannuelle et non plus annuelle ;
- la loi Malraux porte désormais sur tous les locaux destinés, après réalisation des travaux, à devenir des locaux d'habitation y compris pour ceux qui ne l'étaient pas de base, comme cela pourrait être le cas avec des bureaux transformés en logements.

Vous l'aurez compris, l'objectif de la loi Malraux est de préserver le patrimoine et assurer à l'État des investissements de la part des contribuables pour maintenir l'esthétisme ou le cachet de certains quartiers ou zones délimitées. La réduction d'impôt octroyée peut être conséquente.

Les conditions et les obligations

Les conditions pour pouvoir bénéficier de la loi Malraux sont les suivantes :

- mettre l'immeuble en location nue pendant une durée minimale de 9 ans à compter de sa restauration – la mise en location de l'immeuble doit intervenir dans les 12 mois suivant l'achèvement des travaux, le propriétaire devant rédiger un engagement écrit auprès de l'administration fiscale pour témoigner de son engagement de location ;
- louer l'immeuble uniquement à des locataires pour lesquels les logements seront leur résidence principale ;
- étaler la réduction d'impôts sur la période du paiement effectif des travaux et ne pas dépasser 3 ans après la date de délivrance du permis de construire. Toutefois, en cas de fouilles archéologiques, le délai maximal de 3 ans peut être majoré d'un an.

C'est la raison pour laquelle, nous parlons d'un délai maximum de 4 ans pour la répartition de la réduction d'impôts ;
- présenter obligatoirement une autorisation spéciale, délivrée en personne par le préfet avant le démarrage des travaux de restauration.

Il est également important de noter qu'en tant que propriétaire de logements pour lesquels vous avez obtenu une réduction d'impôt Malraux :
- vous ne pouvez pas louer le (ou les) logement(s) à l'un de vos proches ;
- vous pouvez investir en loi Malraux en SCI (à condition que la SCI soit à l'impôt sur le revenu et non sur les sociétés) ;
- vous pouvez acheter en indivision (c'est-à-dire à plusieurs en nom propre).

Les travaux éligibles à la réduction d'impôts

Les travaux éligibles sont les suivants :
- les travaux de démolition ;
- les travaux de reconstitution de toiture ;
- les travaux portant sur les murs extérieurs d'immeuble existants ;
- les travaux de transformation de logement en tout ou partie d'un immeuble ;
- les travaux déclarés d'utilité publique ;
- les travaux ayant pour effet de rendre habitables des combles, des greniers ou des parties communes ;
- les travaux de réparation et d'entretien, d'amélioration de l'habitation.

3. La fiscalité

Vous l'aurez compris, la loi Malraux est un dispositif de défiscalisation assez complexe et réservé à certains types de profils financiers, notamment pour les contribuables ayant une fiscalité très élevée.

Lorsque vous faites un investissement en loi Malraux, vous bénéficierez d'une réduction d'impôts équivalente au montant des travaux éligibles qui sera étalée sur la durée des travaux, soit une durée maximum de 3 ans (ou 4 ans dans de plus rares cas). Le problème qui se pose alors est que la plupart du temps vous souscrirez à un crédit pour financer votre investissement en loi Malraux. Or, une fois que la réduction d'impôt est passée, vous devez conserver le bien à la location pour une durée minimale de 9 ans. Cela signifie que vous allez donc avoir un crédit à payer et que vos impôts vont augmenter car vous aurez également des revenus fonciers en plus (par le biais des logements que vous allez acquérir) et vous n'aurez plus de réduction d'impôts de l'année N+4 à N+9... C'est donc un dispositif assez compliqué à mettre en œuvre.

À noter de plus que lorsque vous faites un investissement en loi Malraux, si la réduction d'impôts obtenue est supérieure à votre imposition réelle, alors l'excédent peut être reporté sur les trois années qui suivent au maximum. Nous pourrions ainsi envisager qu'un contribuable vise un programme excédent son imposition pour prolonger en quelque sorte la réduction d'impôts et ce, jusqu'à 6 années maximum.

Il faut également prendre en compte que lorsque vous investirez en loi Malraux, vous recevrez des loyers de la part de vos futurs locataires occupant le bien ou l'immeuble qui vient d'être rénové et, par conséquent, cela augmentera votre imposition globale et vous serez redevable de prélèvements sociaux sur les loyers nets (après déduction des charges).

Vous êtes donc en droit de vous demander comment le dispositif Malraux peut être avantageux avec toutes ces conditions et ces contre-exemples qui semblent aller à l'encontre d'une défiscalisation... Cependant, un investissement en loi Malraux porte sur des bâtiments anciens, sur des biens situés souvent dans des centres villes historiques ou sur des lieux avec de vraies valeurs patrimoniales reconnues. Ainsi, en achetant un bien à rénover dans ces zones, il y a plusieurs manières d'obtenir un véritable avantage :

- acquérir un bien et le rénover pour l'occuper en résidence principale ou secondaire, après la période des 9 années. De fait,

vous pouvez obtenir des biens vous octroyant une réduction d'impôts dans un premier temps et qui vous reviendront moins cher qu'en achetant un bien déjà rénové car vous n'aurez pas la marge et la plus-value réalisées par le vendeur. Cela permet également de devenir propriétaire de biens d'exception dans des centres historiques ;
- rénover un appartement ou un immeuble dans un centre historique pour réaliser une très belle plus-value à la revente grâce à la prise de valeur des biens rénovés ;
- acheter un immeuble complet car il peut s'agir d'une très bonne manière d'acquérir de l'immobilier à haut-rendement vous générant des loyers importants tous les mois et vous faisant bénéficier en prime d'une importante réduction d'impôts les premières années.

L'investissement en loi Malraux doit néanmoins être bien réfléchi et calculé car une fois la réduction d'impôts passée, les loyers perçus vous génèreront des revenus fonciers importants et très peu de charges déductibles. Car les travaux qui ont servi de base pour calculer votre réduction Malraux ne peuvent être pris en compte pour vous générer des charges déductibles et du déficit foncier. Ainsi, une fois la réduction d'impôts terminée, il vous restera quelques charges déductibles comme vos intérêts d'emprunt, votre assurance, vos taxes, etc., mais cela ne vous permettra pas de réellement diminuer vos revenus fonciers et donc votre imposition.

Mon conseil

Je pense personnellement qu'un investissement en loi Malraux doit être accompagné d'une importante opération en déficit foncier pour vous assurer la non-fiscalité de vos revenus fonciers durant la durée de détention de votre investissement Malraux. Cela suppose que vous ayez une très forte capacité d'emprunt pour investir plusieurs centaines de milliers d'euros sur une durée courte. Encore une fois, je le répète, les programmes en loi Malraux sont destinés à des profils particuliers avec de très hauts revenus.

■ Exemple

Considérons que Monsieur X soit célibataire sans enfant et qu'il gagne 240 000 € par an de salaire. Monsieur X est propriétaire de sa résidence principale et n'a pas de revenus fonciers.

Monsieur X calcule tout d'abord ses impôts sur l'année N et réalise que ceux-ci sont de 87 593 € sur l'année et qu'il se trouve dans une tranche à 45 %.

Monsieur X se penche alors sur un investissement en loi Malraux. Il découvre un programme proposé par un promoteur dans la commune de Grasse (06). L'appartement à vendre est vendu en vente VIR (vente immeuble à rénover).

Le prix du foncier est de 80 000 €. Le prix des travaux s'élève à 200 000 € et seront effectués sur une durée de 2 ans (l'année en cours et le début de l'année suivante). Il s'agit d'un T3 de 65 m^2 situé dans un immeuble en copropriété.

Dans notre situation, nous allons imaginer que l'opération se déroule en secteur sauvegardé et que, par conséquent, la réduction d'impôts correspond à 30 % du prix des travaux. Ainsi :

- 200 000 × 30 % = 60 000 € de réduction d'impôts ;
- 60 000/2 ans = 30 000 €/an de réduction d'impôts.

Le bien en question sera mis en location pour une durée de 9 ans à compter de la date d'achèvement des travaux. Étant donné qu'il s'agit d'un bien d'exception rénové selon des codes architecturaux haut-de-gamme, imaginons que cet appartement se loue pour 1 200 € par mois. À partir de là, deux options sont possibles :

- option 1 : l'investissement a été réalisé comptant ;
- option 2 : l'investissement a été réalisé à crédit.

Option 1 : l'investissement a été réalisé comptant

Si Monsieur X a financé l'acquisition du foncier et les travaux comptant, alors en louant son appartement il n'a que peu de charges déductibles. Il n'aurait ainsi que :

- l'assurance PNO du bien (150 €) ;
- les frais administratif (20 €) ;

- la taxe foncière (800 €) ;
- les charges de copropriété (1 200 €) ;
- les frais de gestion du bien (1 500 €).

Soit un total de 3 670 €. Cela représente 25,48 % du montant de son loyer. Monsieur X a donc tout intérêt à déclarer ses revenus fonciers au régime du micro-foncier pour avoir un abattement de 30 % pour charges. Cela lui permettrait de n'être imposé que sur :

- 14 400 × 30 % = 4 320 € ;
- 14 400 – 4 320 = 10 080 €.

Étant donné que monsieur X est dans une tranche d'imposition à 45 % et que les prélèvements sociaux (17,2 %) sont dus sur ses revenus de patrimoine (incluant les revenus fonciers), cela fait une imposition totale de 62,2 %. Soit 10 080 × 62,2 % = 6 269 € d'impôts par an.

Le bien devant être détenu 9 ans générera alors un impôt total de 56 427 €, soit presque le montant de la réduction d'impôts. En contrepartie des impôts payés, Monsieur X aura encaissé sur les 9 ans 129 600 € de loyers et aura payé 89 451 € de charges et d'impôts. Cela lui fait donc un bilan total de 60 000 € de réduction d'impôts + 129 600 € de loyers – 89 451 € de charges et d'impôts, soit un total positif de 100 149 € de gains sur 9 ans et une récupération du capital initial de 286 900 €.

Dès lors, en immobilisant ses 286 900 € sur 9 ans lui permettant ainsi de générer 100 239 € de gains, c'est comme s'il avait placé ses fonds sur un produit lui rapportant 3,88 % nets par an.

À l'issue de cette période, si Monsieur X décide de conserver le logement, alors son opération aura été positive et bénéficiaire pour lui. S'il décide de le revendre, c'est le prix de revente qui déterminera si ce bénéfice aura été amoindri par une moins-value ou au contraire bonifié par une plus-value. Avec une opération totale de 80 000 € de foncier + 6 000 € de frais de notaire et 200 000 € de travaux, son prix de revient est de 286 000 €.

Allons jeter un œil à l'immobilier des notaires pour voir les prix de revente moyen sur la ville de Grasse : étant donné que le logement et l'immeuble ont été entièrement rénovés il y a moins de 10 ans, il faut comparer avec les prix de vente du neuf et non de l'ancien (qui englobe toutes les ventes d'appartements insalubres et anciens qui viennent diminuer le prix médian au m²).

Prix au m² des appartements neufs à Grasse (d'octobre 2019 à décembre 2020)

Prix haut	4 430 €/m²
Prix médian	**4 170 €/m²**
Prix bas	3 780 €/m²

Source : immobilier.notaires.fr

Comme vous pouvez le constater, le prix médian pour les logements neufs avec des caractéristiques équivalentes est aux alentours des 4 170 € le m² sur la commune de Grasse.

Avec une superficie de 63 m², le prix de revient au m² de l'appartement Malraux est de 286 000/63 = 4 539 € du m².

Soit un prix de revient supérieur à la fourchette des prix haut, mais n'oublions pas qu'il s'agit de logements historiques, rénovés avec un savoir-faire et très souvent des prestations haut-de-gamme. Les appartements Malraux vendus ciblent ainsi souvent les amoureux des villes souhaitant acquérir des logements anciens tout en répondant au confort moderne. Nous sommes donc sur un immobilier d'exception et, en quelque sorte, de niche. Il est dès lors essentiel de bien estimer et déterminer le potentiel immobilier de la ville dans laquelle s'effectue l'opération Malraux en amont.

Option 2 : l'appartement est acheté à crédit

Imaginons que Monsieur X effectue l'opération que nous venons de voir, mais cette fois-ci intégralement à crédit.

Imaginons que Monsieur X emprunte le montant total du prix de revient, soit 286 000 € sur 20 ans à un taux de 1,1 % et un taux d'assurance à 0,40 %. Ses mensualités de crédit seraient alors de 1 423 €.

En termes de charges déductibles, il aurait les mêmes charges que dans l'exemple précédent :

- l'assurance PNO du bien (150 €) ;
- les frais administratif (20 €) ;
- la taxe foncière (800 €) ;
- les charges de copropriété (1 200 €) ;
- les frais de gestion du bien (1 500 €).

Mais il aurait également les intérêts payés sur le crédit et l'assurance du crédit qui évolueraient chaque année, soit deux charges déductibles supplémentaires :

- intérêts du crédit : 3 081 € ;
- assurance du prêt : 1 144 €.

Soit un total de charges déductibles de 7 895 €.

Ainsi, sur les 14 400 € de loyers perçus, il faut donc retirer 7 895 € de charges pour obtenir les revenus fonciers imposables, mais au régime réel cette fois-ci :

- 14 400 – 7 895 = 6 505 € ;
- 6 505 × 62,2 % d'impôts = 4 046 € d'impôts.

Si on fait le bilan total de l'opération, Monsieur X aura encaissé 129 600 € de loyers sur les 9 ans, aura obtenu une réduction d'impôts de 60 000 € et aura payé un total de charges et impôts (hors remboursement du capital) de 107 469 €, soit une opération bénéficiaire de 82 131 €. Mais Monsieur X doit encore rembourser le capital restant à la banque s'il revend son appartement ou continuer à payer le crédit s'il souhaite le conserver.

Ainsi, pour finir, l'opération Malraux à crédit de Monsieur X lui aura rapporté 129 600 + 60 000 – 107 469 = 82 131 €.

Cependant, ces calculs ne tiennent compte que des gains comparés à l'autre opération mais ne prennent pas en compte le remboursement du capital qui est de 120 954 € sur 9 ans.

Maintenant, si on applique le remboursement du capital, Monsieur X aura dû mettre de sa poche tous les mois un effort d'épargne pour combler la différence entre les recettes et les dépenses. Cet effort d'épargne est d'un montant total de 38 823 €. L'opération finale à crédit lui aura donc réellement rapporté 82 131 €, soit 18 018 € de moins que par le biais de l'achat comptant.

En revanche, si l'on admet maintenant que Monsieur X disposait des 286 000 € mais à quand même fait le choix de financer intégralement son opération à crédit – et les a ainsi placés sur un produit lui rapportant 3,50 % nets – alors voici ce que ses 286 000 € lui ont rapportés sur 9 ans :

- 286 000 × 3,50 % = 10 010 €/an de gains ;
- 10 010 × 9 ans = 90 090 € de gains totaux.

Ainsi, en investissant à crédit à 1,1 % mais en faisant travailler ses fonds à 3,50 %, Monsieur X aurait gagné au total 90 090 + 82 131 = 172 221 €.

Son opération Malraux aurait donc été très rentable et lui aurait permis de se constituer un capital important en moins de 10 ans.

Mon conseil

Pour réussir votre investissement en Malraux vous devez bien acheter. Comme dans tous les dispositifs de défiscalisation, si vous achetez bien pour revendre a minima au prix d'acquisition ou faire une plus-value, alors vous êtes pratiquement assuré de faire une opération réussie et rentable. En revanche, si vous ne voyez que l'économie d'impôts et que vous n'anticiper pas un prix d'achat (ou de rénovation) trop élevé, alors votre opération sera bien moins rentable que prévue.

Une bonne opération Malraux doit s'accompagner d'une opération de déficit foncier. Les réductions Malraux portant sur des montants souvent importants sont principalement destinées à des personnes avec une fiscalité élevée. Cela signifie que leur tranche marginale d'imposition tourne souvent autour des 41 ou 45 % et à cela il faut bien entendu ajouter les prélèvements sociaux de 17,2 %.

De fait, si Monsieur X avait pu mettre en place un déficit foncier lui permettant de gommer les revenus fonciers de l'opération Malraux, il aurait pu économisé plus de 36 000 € d'impôts (4 046 € × 9 ans) sur les revenus fonciers et se serait constitué un capital supplémentaire avec son opération. Cela lui aurait permis de bénéficier de la réduction Malraux et, par la suite, de ne pas voir son imposition augmenter à cause des loyers.

4. Les risques et les objections

La loi Malraux est donc un dispositif assez particulier réservé à une niche de contribuables. En revanche, si vous pensez opter pour ce dispositif et qu'il s'avère pertinent par rapport à votre situation, voici quelques points de vigilance.

Le prix d'achat du logement

L'immobilier en loi Malraux est très difficile à cerner et à expertiser car la majorité des biens rénovés ne répondent pas aux critères de l'immobilier classique. Ainsi, lorsque vous allez investir dans un programme Malraux, le prix de revient de l'appartement au m^2 est souvent bien plus élevé que celui d'autres appartements anciens rénovés dans la même zone.

Il convient donc de faire attention à ce critère et surtout de bien définir votre objectif. En fonction de ce que vous recherchez, le prix de revient n'aura pas la même importance.

Le choix du programme et du promoteur

Comme dans toute bonne opération immobilière, le choix d'un bon programme et d'un bon promoteur vous garantit une réelle sécurité. Les programmes de rénovation en loi Malraux sont peu nombreux et il convient de bien se renseigner sur le professionnalisme et le sérieux des entreprises de rénovation.

Une réduction d'impôts courte, un engagement long

La loi Malraux demande un engagement minimum de 9 ans à la location lorsque sa réduction d'impôts ne peut être répartie que sur 3 ans (ou 4 ans dans certains).

La plus-value dans l'immobilier d'exception

Les programmes Malraux sont pour la plupart situés dans des centres-villes dans des immeubles imposants et prestigieux une fois rénovés. La question que vous devez vous poser est de savoir si vous pourrez trouver preneur à l'issue de la période d'engagement des 9 ans. Les biens d'exception sont un marché immobilier à part et nécessitent l'expertise d'un professionnel qualifié.

Dès lors, en achetant des biens avec des prix de revient souvent importants, pouvez-vous malgré tout réaliser une plus-value supplémentaire ? Oui, si vous achetez dans les bonnes villes, au bon endroit et dans les bons logements.

Chapitre 10
La loi Monuments Historiques

1. Principe et fonctionnement

Origine

La loi sur les Monuments Historiques est l'une des plus anciennes du droit français. Datant de 1913, elle permet aux propriétaires possédant un bien classé comme monuments historiques (MH) de déduire de leur revenu global le montant du déficit généré par ce même bien. Le dispositif a évolué pour ensuite intégrer les biens inscrits à l'Inventaire supplémentaire des monuments historiques (ISMH).

La notion de « monuments historiques » apparaît sous la Révolution française. Les représentants politiques de la France comprennent l'importance de protéger le patrimoine français chargé d'histoire. Pour cela, plusieurs lois successives sont éditées dans le but d'inciter les investisseurs privés à maintenir en état des vestiges de l'histoire française. C'est finalement en 1913 que le Sénat adopte la loi Monuments Historiques ressemblant à celle que l'on connaît aujourd'hui.

Zonage géographique

La loi Monuments Historiques ne porte pas sur une ou plusieurs zones délimitées mais exclusivement sur des bâtiments précis. Aujourd'hui, les monuments historiques sont des immeubles bâtis ou non bâtis ou un objet mobilier recevant un statut juridique particulier destiné à les protéger pour leur intérêt historique, artistique, architectural mais aussi technique ou scientifique afin qu'ils soient conservés, restaurés et mis en valeur.

Les logements concernés

Les logements concernés par la défiscalisation dans le cadre de la loi Monuments Historiques sont les suivants :

- les immeubles classés « monuments historiques » ;
- les immeubles inscrits à l'ISMH ;
- les immeubles faisant partie du patrimoine national en raison du label délivré par la Fondation du patrimoine.
- les immeubles faisant partie du patrimoine national en raison de leur caractère historique ou artistique particulier et qui ont été agréés à cet effet par le ministre de l'Économie et des Finances.

Le principe fiscal

La loi Monuments Historiques permet à des investisseurs privés d'acquérir un bien classé ou inscrit et d'effectuer des travaux de rénovation et de réhabilitation sous la supervision de l'Architecte des bâtiments de France.

Comme dans le cadre du déficit foncier, lorsque vous achèterez un bien et ferez des travaux de rénovation, cela vous génèrera des charges qui seront ensuite considérées comme du déficit foncier. Ce déficit foncier, dans le cadre de la loi Monuments Historiques, est intégralement imputable sur votre revenu global sans aucune limite ni plafonnement. En d'autres termes, dans l'immobilier traditionnel, la gestion fiscale du déficit foncier dépend du droit commun et ne peut s'imputer sur votre revenu global qu'à hauteur de 10 700 €. Dans le cadre de la loi Monuments Historiques, non seulement cette limite de 10 700 € n'existe pas, mais vos intérêts d'emprunt sont également imputables sur votre revenu global, ce qui n'est jamais le cas dans le cadre d'un déficit foncier conventionnel.

En réalité, lorsque vous allez acheter un bien en Monuments Historiques, plusieurs cas de figure peuvent s'offrir à vous et la fiscalité variera en fonction de ces différents cas.

■ Cas n° 1 – Vous achetez un bien en MH pour y habiter

Si vous acheter un bien en MH et que vous souhaitez y habiter, cela est tout à fait possible. La seule condition, c'est que seulement 50 % des charges pourront être déduits et ainsi créer un déficit foncier imputable sur votre revenu. En effet, si vous habitez le bien, vous n'avez alors aucun revenu foncier et, par conséquent, toutes les charges constituent automatiquement un déficit. Ces dernières sont simplement retenues à hauteur de 50 % dans ce cas. Il est important de noter que la loi Monuments Historiques est la seule en France permettant à un contribuable de défiscaliser grâce à un bien qu'il occupe.

■ Cas n° 2 – Vous achetez un bien en MH pour le louer

Lorsque vous achetez un bien en MH, ce bien devra obligatoirement être loué nu et être la résidence principale de votre locataire. Il n'y a en revanche aucune réglementation concernant le loyer en vigueur ou la personne à laquelle vous louez le bien. Cette personne ne doit simplement pas faire partie de votre foyer fiscal.

La loi MH, lorsque vous achetez le bien pour le louer, fonctionne exactement comme un investissement immobilier traditionnel. Vous aurez des recettes et des charges, sauf que dans ce cas de figure, l'ensemble des charges d'exploitation et des charges financières sera déductible de votre revenu global sans limite de montant.

■ Cas n° 3 – Vous achetez un bien en MH que vous louez et que vous habitez

Dans le cas où vous auriez une partie de votre MH qui serait louée et une partie occupée par vos soins, alors les charges seraient réparties selon la surface occupée *vs* la surface louée. En d'autres termes, les charges se rapportant à la partie que vous occupez sont automatiquement déductibles de votre revenu global, tandis que les charges se rapportant à la partie louée sont prises en compte pour la détermination du revenu foncier net. Si ces charges sont supérieures aux recettes, alors le déficit causé par ces dernières est imputable sur votre revenu global.

Les avantages fiscaux de la loi Monuments Historiques

■ Imputer des travaux de restauration sur le revenu global

La loi Monuments Historiques permet d'imputer sur votre revenu global 100 % des travaux de restauration sur une durée allant de un à trois ans environ, sans limitation de montant et sans plafond.

Par exemple, si vous achetez un bien en Monuments Historiques pour 100 000 € et qu'il y a 110 000 € de travaux répartis sur 2 ans, alors vous pourrez déduire les 110 000 € de travaux sur deux années :

- en année N = 110 000/2 = 55 000 € ;
- en année N+1 = 110 000/2 = 55 000 €.

Ainsi, si vos revenus sont de 75 000 € par an, ils seront diminués de 55 000 € en année N et année N+1. Cela vous donnera donc un revenu imposable de 75 000 – 55 000 = 20 000 € et vous permettra de réaliser une économie d'impôts conséquente.

■ Imputer le déficit foncier sur le revenu global

Le dispositif permet d'imputer le déficit foncier sur le revenu global durant toutes les années de détention du bien, y compris les intérêts d'emprunt (et autres charges financières).

Par exemple, si en année N+5 vous louez votre bien pour 10 000 €/an et que vos charges d'exploitation et vos intérêts d'emprunt sont de 30 000 € cette année-là (si vous effectuez des travaux supplémentaires par exemple), alors les 20 000 € de déficit viendront s'imputer sur votre revenu global. Tandis que dans le cadre d'un déficit foncier traditionnel seuls 10 700 € se seraient imputés sur le revenu global et les 9 300 € restant se seraient mis en report pour effacer les revenus fonciers des années à venir.

■ Transmettre le bien sans frais de succession

L'acquisition d'un monument historique permet de transmettre le bien sans frais de succession dans le cas d'une convention avec le ministère de la Culture.

Les immeubles classés ou inscrits sont exonérés de droit de donation et de succession à condition que les héritiers ou les légataires passent une convention avec les ministères de la Culture et des Finances. La convention d'exonération de droits de succession engage les ayants-droits à respecter certaines conditions :

- conserver les éléments du décor figurant dans la convention ;
- respecter les modalités d'entretien du bien ;
- ouvrir les lieux au public au minimum 100 jours par an (dimanches et jours fériés, d'avril à octobre inclus) dont au moins 90 jours durant les mois de juin à septembre.

Cette convention porte ainsi sur les monuments historiques pouvant être ouverts aux visites.

Les travaux de rénovation et les charges d'entretien du bien peuvent être déduits à 100 % des revenus fonciers comme un investissement immobilier classique. En revanche, dans le cadre de la loi Monuments Historiques, le déficit généré s'impute sur le revenu global sans aucune limite ni plafonnement. Les intérêts d'emprunt liés à l'acquisition du foncier et des travaux sont également déductibles et imputables sur votre revenu global, ce qui est une spécificité propre à la loi Monuments Historiques car dans le cadre du droit commun en déficit foncier, les intérêts d'emprunt ne sont jamais imputables sur le revenu global.

2. Les conditions obligatoires et le cadre légal

Le dispositif Monuments Historiques s'adresse aux contribuables les plus fortement imposés et avec une capacité d'emprunt souvent assez conséquente. En effet, il est d'abord important de noter qu'un investissement dans un monument historique est un engagement de long terme car vous devrez conserver votre bien *a minima* pour une durée de 15 ans pour bénéficier des avantages fiscaux sans risquer une remise en cause de ces derniers.

La durée de conservation

La réforme de 2009 oblige les acquéreurs d'un monument historique à conserver leur bien pour une durée minimale de 15 ans sous peine de subir des conséquences fiscales. En effet, depuis 2009, tout déficit imputé sur le revenu global au-delà des conditions de droit commun (c'est-à-dire l'imputation de déficit supérieur à 10 700 € par année dans le cadre du déficit foncier conventionnel) est subordonné à un engagement de conservation de l'immeuble *a minima* de 15 ans.

À noter

L'obligation de détenir le bien ne signifie pas que celui-ci doit être mis en location pendant toute cette période.

La mise en location

Comme dans le cadre du droit commun, lorsque vous imputez sur votre revenu global un déficit, vous devez maintenir ce même bien à la location pendant au moins trois années suivant celle de l'imputation. Cela signifie que si vous avez imputé sur votre revenu global un déficit en 2021, vous devrez *a minima* laisser votre bien en location jusqu'au 31 décembre 2024 sous peine de voir la réduction d'impôts octroyée par le déficit remis en cause.

L'imputation des déficits fonciers

L'avantage fiscal principal de la loi Monuments Historiques est bien évidemment de pouvoir imputer les déficits fonciers liés à la rénovation, l'entretien et les dépenses courantes du bien sur son revenu global et pas uniquement sur les revenus fonciers comme c'est le cas dans le cadre d'un investissement immobilier traditionnel.

Ainsi, sont considérées comme des charges et donc déductibles du revenu global :

- toutes les charges foncières liées à l'acquisition et à la détention d'un bien immobilier ;

- les frais de promotion et de publicité (si le bâtiment est ouvert à la visite) ;
- les dépenses d'acquisition de matériel informatique utilisé pour la gestion de la billetterie ou le suivi des dépenses et des recettes.

■ L'investissement ne génère aucune recette

Que le bien soit ouvert ou non à la visite, qu'il soit occupé par vos soins ou non, si votre bien éligible au dispositif Monuments Historiques ne génère aucune recette, alors ses charges sont déductibles de votre revenu global. En revanche, en fonction du fait que le bien soit ouvert à la visite ou non, les charges seront déductibles dans une proportion différente.

En effet, la déduction des charges est possible à 100 % si l'immeuble est ouvert à la visite au moins 50 jours par an, dont 25 (dimanches et jours fériés inclus) au cours des mois d'avril à septembre inclus ou 40 jours pendant les mois de juillet à septembre. Dans le cas contraire, si le bien ne respecte pas ces conditions, alors seulement 50 % des charges sont déductibles du revenu global.

■ L'investissement est inoccupé mais génère des recettes

La totalité des charges foncières peut alors s'imputer sur vos revenus fonciers et au-delà, sans limite, s'imputer sur votre revenu global si le bien est loué.

Si l'immeuble n'est pas loué et génère des recettes liées aux visites payantes, ces recettes sont alors soumises au droit commun après déduction des charges telles que la rémunération du personnel chargé d'organiser les visites.

> ***À noter***
> *Un abattement forfaitaire de 1 525 € est prévu s'il n'y a ni parc ni jardin et 2 290 € dans le cas contraire.*

■ L'investissement est occupé et génère des recettes

Dans ce cas, toutes les charges foncières qui se rapportent à la partie du bien dont le propriétaire occupe les lieux, sont imputables en totalité sur le revenu global.

Les autres charges liées au droit de visite ou à l'occupation partielle sont prises en compte pour la détermination du revenu net foncier.

En cas de déficit, ce dernier ne s'impute pas sur le revenu global mais sur le revenu foncier.

Il est admis que si le bien est ouvert à la visite, la fraction correspondant à l'ouverture soit égale à 75 % du total des charges tandis que les 25 % restants reviennent au propriétaire qui les déduit directement de son revenu global.

3. La fiscalité

La loi Monuments Historiques est donc un dispositif de défiscalisation très complexe et réservé à certains types de profil financiers, notamment pour les contribuables ayant une fiscalité très élevée ou des profils d'investisseurs souhaitant vivre dans des demeures ou appartements historiques. La loi Monuments Historiques peut ainsi être très avantageuse pour les personnes souhaitant acquérir une propriété d'exception tout en profitant d'une réduction fiscale. C'est le cas notamment de certains chatelains qui occupent une partie des châteaux et ouvrent ces derniers à la visite pour défiscaliser un maximum. Prenons quelques exemples pour illustrer les avantages de la loi Monuments Historiques.

L'achat d'un bien pour y vivre

Vous souhaitez acheter un château pour y vivre et le bien de vos rêves a été reconnu comme monument historique. Si vous décidez d'acquérir le bien pour disons 3 000 000 € et que vous faites chiffrer les travaux de rénovation qui s'élèvent à 1 000 000 € répartis sur 2 ans, alors vous pourrez imputer 500 000 € de travaux (250 000 €/an) sur votre revenu global si votre bien n'est pas ouvert à la visite et jusqu'à 1 000 000 € si votre bien est ouvert à la visite (500 000 €/an).

Si votre revenu annuel s'élève à 250 000 € et que vous êtes célibataire sans enfant, alors votre impôt annuel s'élève à 92 093 €.

■ Si le monument n'est pas ouvert à la visite

Vous pouvez déduire jusqu'à 50 % des charges foncières pesant sur votre bien. Cela signifie que chaque année vous pouvez déduire 250 000 € de travaux de votre revenu global, ce qui diminue votre revenu global à 0 € et vous rend donc non-imposable pour deux années consécutives.

Ainsi, sur les deux années, vous économiserez 92 093 × 2 = 184 186 € d'impôts.

> ***À noter***
> *Lorsqu'un monument historique ne produit pas de recettes locatives, si les charges imputables sur votre revenu global sont supérieures à votre revenu, alors le surplus n'est pas reportable sur les années suivantes et est donc perdu. Ce qui n'est pas le cas lorsque le monument historique génère des recettes.*

■ Si le monument est ouvert à la visite

Si vous décidez d'ouvrir votre monument aux visites et organisez des visites guidées, alors vous pourrez déduire les charges pesant sur la partie privée (habitation) de votre revenu global, et déduire les charges foncières de votre revenu foncier net pour la partie ouverte aux visites. Pour rappel, votre revenu foncier net est déterminé en prenant en compte l'ensemble des recettes (visites payantes par exemple) minoré des charges afférentes à la partie ouverte à la visite (taxe foncière, frais de personnel, etc.).

Si vous constatez un déficit foncier, ce dernier est imputable sur votre revenu global sans limite.

> ***À noter***
> *Il est admis que lorsqu'un monument historique est ouvert aux visites, 75 % de ses charges représentent la partie ouverte aux visites et les 25 % restants portent sur la partie privative occupée par le propriétaire.*

Ainsi, si l'on reprend l'exemple précédent, les travaux d'un montant total de 1 000 000 € répartis sur 2 ans seront déductibles à hauteur de 100 %, soit 500 000 € par an, ce qui correspondra au double de vos revenus. Étant donné que le bien produit des recettes, les travaux et les autres charges foncières viendront d'abord en déduction de vos recettes locatives, puis pourront s'imputer sur votre revenu global sans limite de montant.

Dès lors, si vous percevez 10 000 € de recettes locatives par an, voici comment se calculeront les économies d'impôts procurées par les travaux de rénovation du bien :

- recettes locatives = 10 000 € ;
- charges foncières (dont travaux) = 500 000 € ,
- revenu du travail : 250 000 € ;
- charges foncières – Recettes locatives = 500 000 – 10 000 = 490 000 € ;
- revenus du travail – Résultat foncier net = 250 000 – 490 000 = – 240 000 €.

Votre revenu global est ainsi effacé par les charges foncières et le surplus (240 000 €) se met en report pour une durée maximale de 6 ans. Si en année N+2 vous avez les mêmes recettes et les mêmes charges, votre déficit total sera donc de 240 000 × 2 = 480 000 € et vous permettra finalement de ne pas payer d'impôts pendant quasiment quatre années complètes.

À noter

Si vous n'utilisez pas votre déficit dans les six années suivant celle où le déficit est créé, alors ce dernier est perdu.

L'achat d'un bien pour défiscaliser

Si vous prenez le temps de chercher des programmes en Monuments Historiques sur Internet, vous allez vite vous rendre compte qu'il existe un nombre assez restreint de programmes, mais qu'en revanche certains biens sont accessibles pour à peine plus de 100 000 €, ce qui est quand même plus accessible que des châteaux ou de grands monuments historiques français.

Pour illustrer l'exemple, imaginons que vous recherchiez un programme en Monuments Historiques et que vous tombiez sur un programme de rénovation à Roubaix. Il est question de rénover l'hospice Barbieux pour transformer une partie en logements seniors. Évidemment, le programme doit respecter le cahier des charges strict fixé par l'Architecte des bâtiments de France.

Dans ce programme, vous pouvez acheter un appartement (foncier) pour 30 000 € avec 120 000 € de travaux prévus sur l'année 2022 et 2023. Vous décidez donc d'acheter le foncier et les travaux seront répartis sur deux années distinctes à hauteur de 60 000 € par an. Cela signifie que vous allez pouvoir déduire de votre revenu global non seulement les 60 000 € de travaux, mais également l'ensemble des charges foncières pesant sur votre bien récemment acquis. Nous pouvons notamment citer :

- les intérêts d'emprunt (et assurance) de votre crédit s'il y en a un ;
- la taxe foncière de votre bien ;
- les primes d'assurance liées au bien.

Ainsi, si votre revenu annuel s'élève à 100 000 €, alors vous êtes normalement redevable de 26 918 € d'impôts (hors frais et charges).

Maintenant, si l'on admet que vos charges foncières sur l'année 2022 s'élèvent à 5 000 €, que vos travaux sont de 60 000 € et que vous n'avez pas perçu de recettes locatives car votre bien n'est pas encore prêt à être loué, alors vous pourrez déduire 65 000 € de vos revenus et ainsi faire tomber votre revenu imposable à 100 000 – 65 000 = 35 000 €.

Votre impôt dû sur vos revenus professionnels de l'année 2022 ne sera plus que de 4 505 € (hors frais et charges). Votre économie d'impôt est donc de 22 413 € sur l'année 2022 et également sur l'année 2023 si l'on admet des charges foncières équivalentes.

Par la suite, lorsque votre bien sera loué, vos revenus fonciers seront imposés de manière traditionnelle et s'il y a présence d'un déficit, alors celui-ci sera imputable sur votre revenu global sans limite de montant.

4. Les risques et les objections

La loi Monuments Historiques est un dispositif de défiscalisation à la fois très performant et très contraignant. Il s'agit d'un dispositif qui peut être utilisé dans des stratégies patrimoniales très complexes et souvent réservé à une niche de personne.

Le prix d'achat du logement

Si vous cherchez à investir dans un bien en Monuments Historiques exclusivement pour réaliser une opération immobilière de défiscalisation, alors vous risquez de vous retrouver confronté à un grand nombre de programmes vous proposant des prix d'acquisition décorrélés du marché immobilier traditionnel dont il n'est pas toujours simple d'évaluer le juste prix – ces derniers ont des propriétés et des emplacements très spécifiques.

Comme en loi Malraux, le coté historique et l'emplacement de premier choix confère des attributs immobiliers particuliers et souvent onéreux. Si votre objectif est simplement de défiscaliser vos revenus et que vous payez moins de 10 000 € d'impôts par an, je vous invite à vous tourner vers d'autres dispositifs plus conventionnels.

Une réduction d'impôts courte, un engagement long

La loi Monuments Historiques demande un engagement minimum de 15 ans en termes de détention, lorsque ses travaux de rénovation ne portent que sur quelques années.

La rareté des programmes

Les programmes en loi Monuments Historiques sont assez rares et très spécifiques.

Conclusion

Les dispositifs de défiscalisation immobiliers sont parmi les premières niches fiscales françaises et peuvent vous permettre de mettre vos impôts au service de votre patrimoine pour vous constituer un capital rapidement. Vous l'aurez également probablement remarqué, mais le choix d'un dispositif par rapport à un autre ou tout simplement à un autre projet doit faire partie d'une stratégie patrimoniale complète et entièrement réfléchie.

J'ai eu au cours de ma carrière de nombreux exemples de personnes qui m'appelaient pour mettre en place un dispositif de défiscalisation et qui finalement, après réflexion, préféraient partir sur des investissements à haut rendement non fiscalisés, mais ne réduisant pas leur impôt actuel car l'opération était plus bénéfique dans ce sens. Ainsi, si pour conclure cet ouvrage je devais vous donner un seul conseil, ce serait de faire appel aux bonnes personnes qui sauront vous conseiller, analyser votre situation et vos projets pour vous permettre de vous orienter vers les opérations financières les plus adaptées. Si après étude il s'avère qu'il est plus favorable pour vous de vous tourner vers un dispositif de défiscalisation immobilier, il y a fort à parier que vous vous orientiez vers un programme en Denormandie ou en Pinel si vous avez une imposition élevée due à vos revenus du travail, ou plutôt vers une opération générant du déficit foncier si vous avez une imposition élevée liée à vos revenus locatifs.

Maintenant, si vous souhaitez simplement investir sans fiscalité, vous pouvez vous tourner vers la location meublée qui est une niche fiscale à elle toute seule, ou vous orienter vers des opérations à haut rendement en location nue avec des besoins en rénovation et, par conséquent, du déficit foncier.

J'espère avoir pu, tout au long de cet ouvrage, vous permettre d'en savoir plus sur les différents régimes existants en France en termes de fiscalité, de mieux comprendre le fonctionnement des différents dispositifs de défiscalisation, de même que vous avoir permis d'acquérir un regard critique. Il existe aujourd'hui malheureusement trop d'entreprises qui orientent leurs clients vers de la location meublée en résidence de services ou vers un investissement en Pinel car ce sont des produits facilement « industrialisables » – et pouvant être vendus à grande échelle. À vous de décider pour vous.

M81123 - (II) - OSB 90 - NCOM - CMU
Dépôt légal : février 2022 - Suite du tirage : mai 2022
Achevé d'imprimer par Dupli-Print
N° d'impression : 2022051828

www.dupli-print.fr

Imprimé en France